CW01637335

Bodrum 2018
Gökhancığım İST'dan
getirmiş.

Motivasyon Rehberi; Erteleme, Bağımlılık ve Tembellik Psikolojisi
Addiction, Procastination and Laziness;
A Proactive Guide to the Psychology of Motivation

Roman Gelperin

Copyright ©2017 2017 Roman Gelperin
Licensed through AKÇALI TELİF HAKLARI AJANSI
Copyright ©2018 Psikonet Yayınları

Türkçesi: Nihan Azizlerli, İdem Güliz Şan
Editör: Dr. H. Alp Karaosmanoğlu
Yayına hazırlayan: Cem Çobanlı

1. Basım: Temmuz 2018
ISBN: 978-605-68654-1-1

Baskı ve Cilt:
Dörtel Matbaacılık
Sanayi ve Ticaret Limited Şirketi
Zafer Mah. 147. Sok 9-13A
Esenyurt -İstanbul
Tel: (0212) 565 11 66
Sertifika No: 40970

Psikonet Yayınları
Valikonağı Cad., Çam Ap., No: 161/8
Şişli 34363 - İstanbul
Tel.: (0212) 231 84 43
Faks: (0212) 231 22 77
info@psikonet.com
www.psikonet.com

Bu kitabın tüm yayın hakları Psikonet Yayınları'na aittir. Bu kitabın hiçbir bölümü, yayıncıların yazılı izni olmadan, fotokopi ve kayıt alma veya herhangi bir veri deposu ya da bilgi çekme sistemi gibi, şimdi bilinen ya da bundan sonra icat edilecek olan elektronik, mekanik veya diğer araçlarca tekrar basılamaz veya üretilemez veya kullanılamaz.

1) Bir etkinlikten vazgecmek
2) Digerine başlamak.

Roman Gelperin

Motivasyon Rehberi

erteleme, bağımlılık ve tembellik psikolojisi

Türkçesi

Nihan Azizlerli • İdem Güliz Şan

psikonet

İçindekiler

Giriş 7

1 İnsan Davranışındaki Anormallikler 9

2 Gizemi Çözmek 17

3 Motivasyonun Psikolojik Doğası 25

4 Hazsal Bilinçdışı Nasıl Çalışır? 41

5 Motivasyonun Zihinsel Çerçevesi 51

6 Alet Çantasındaki Stratejiler 63

7 Öğrendiklerimizi Uygulamak 89

Giriş

Bu kısa kitabı, başımı motivasyon sorunlarımın kalın duvarına acı dolu ve ısrarlı şekilde vurup, ardından da tam bir anlayış, kabullenme ile kendini kontrole eriştikten sonra 2013 yılında yazdım. Bu konularla, tüm psikolojik sorunlarda kullandığım ve önerdiğim gibi, "içe bakış" aracılığı ile başa çıktım. Yani, kişinin zihninin gizli yanlarına dikkat etmek, problemin kökenini belirlemek ve uygun çözümü tasarlamak.

Bu kitabı, günümüz dünyasında insanların zihinlerini doğru şekilde anlamasıyla aslında kolayca ve etkin şekilde çözülebilecek ama kişilerin kendilerini yıprattıkları motivasyonel problemleri hedef alan bir kendine yardım kitabı olarak yazdım. Sigarayı bırakmak dışında, bu kitapta tanımlanan tüm motivasyonel sorunları yakından yaşadım.

Birinci Bölüm' deki beş örnek, kişisel içe bakışlarıma ve çevremde aynı konuyla mücadele eden kişilere yönelik kapsamlı gözlemlerime dayanan kurgusal kişilere aittir. Sigara örneğine gelirsek, hiçbir zaman sigara bağımlısı olmadım ve bu nedenle hiç bırakmam gerekmedi. Ancak, etrafımdaki sayısız sigara kullanıcısına dair gözlemlerim - deneme, genellikle başarısız olma ve bir kez daha bırakmaya çalışma - onların çıkmazlarının diğer tüm motivasyonel problemlerle aynı değişkenlere sahip olduğunu ve bu nedenle aynı yöntemlerle çözülebileceğini gösterdi.

Bu kitabı yazdığımdan bu yana kendi yaşantıma uygulayabileceğim tüm teknikleri büyük bir başarıyla kullandım. Umarım bu sayfalara aktardığım zor kazanılmış farkındalıklar benim için olduğu kadar sizin için de yararlı olur.

1 İnsan Davranışındaki Anormallikler

Yaşantımız boyunca kuşkusuz hepimiz kendi davranışımızda anormallikler gözlemlemişizdir. Ancak, bunu psikoloji meraklıları ve öğrencilerinin abartılı şekilde ilan ettikleri gibi "insanlar mantık- dışı davranır" anlamında söylemiyorum. Onların işaret ettiği şey, insan zihnindeki derin ruhsal mekanizmalara genellikle etkisizdir.

İnsanlar, basitçe "mantık- dışı" davranıyor veya düşünüyor değildirler. Ancak davranışımız üzerindeki bilinçli kontrolün hareketlerimize etkisi bazen kısmi, bazen çok az olur. Bazen de hiç olmaz. Bilinçli amaçlarımız ne olursa olsun, karşı koymamıza rağmen içimizdeki bazı karşıt güçlerin davranışlarımızı sürekli ittiğini, çektiğini ve belirlediğini fark etmek bu konuya ilgi gösteren biri için zor olmaz. Kendini gözlemleyen kişilerin neredeyse hepsi, davranışlarının tamamını kontrol edemediklerini kabul edecektir. Davranışlarını gerçek anlamda hiç kontrol edemediklerini hisseden insanlarda çoktur ve büyük oranda haklıdırlar.

Erteleme

Jim'e Amerikan Edebiyatı ile ilgili sekiz sayfalık bir ödev verileli 6 hafta olmuştur. Geçen zaman boyunca bu konuyu sıkça düşünmüştür. Ödevi bitirmenin 10 saatten fazla sürmeyeceği kanısına varmıştır. Aradan çıkarmak için çok kez ödeve başlamaya niyetlenmiştir. Bu kararlılıktan tekrar tekrar kaçınıp, bir kelime bile yazmamıştır. Şimdi gecenin karanlığında, ödev teslim tarihinden tam 10 saat önce hararetle yazmaya ve sözcükleri bir araya getirmeye çalışmaktadır. Jim, önündeki 10 saatin her dakikasını yoğun şekilde çalışarak, mola vermeden ve televizyon izlemeden veya bilgisayar oyunlarıyla oynamadan geçirir. Stresli, rahatsız, bitkin hissetse de 10 saatin sonunda ödevi tamamlamayı başarır ve zamanında teslim eder.

Jim şimdi sevinçlidir. Büyük bir rahatlama ve coşku hissetmektedir, omuzlarından büyük bir yük kalkmıştır. Ödevi için on saat boyunca çalışmıştır ve bitirmiştir. Artık yorgun hissetmemektedir. Her şeyin üstesinden gelip, her engeli aşabileceğini düşünmektedir. "Bundan sonra asla" diye düşünür. "Bundan böyle hiçbir ödevi son dakikaya bırakmayacağım ve bir daha böyle bir koşuşturmaca yaşamak zorunda kalmayacağım." Ancak tabii ki, ödeve başlamadan önce günlerce, haftalarca, aylarca erteleyerek, herhangi bir duraklamanın başarısızlığa neden olacağı kadar teslim tarihinin son dakikasını bekleyerek kendini bu sürecin içinde tekrar tekrar bulmaya mahkumdur.[1]

Bu durum kuşkusuz pek çoğumuzun sürekli olmasa da bir zamanlar deneyimlediği son derece genel bir senaryodur. Peki neden böyle olmaktadır? Neden yapılacak iş olduğunu bildiğimiz halde sayısız saatimizi verimsiz, anlamsız aktivitelerle geçiriyoruz? Neden pek çoğumuz erteleme isteğine karşı koyamıyoruz? Böyle yapanlarla, tüm işlerini erken veya zamanında özenle teslim edenleri ayıran ne?

[1] Bu ve takip eden dört örnek gerçek durumlardaki, gerçek kişilerdir. Üçüncü örnek dışındakiler şahsi tecrübelerimden ve aynı sorunu yaşayan etrafımdaki insanlara ait gözlemlerimden alınmıştır. Sadece sigarayla ilgili üçüncü örnek benim diğer kişilerle ilgili gözlemlerime - ve ikinci olarak - az sayıda benzer kişisel deneyimlerime dayanmaktadır.

Son dakikaya bırakmanın stres ve gerginliğini yaşamaya değmeyeceğini bilsek de, neden kendimizi çalışmaya zorlayamıyoruz? Ve tabii ki hepsinin ötesinde işler geri kalmaktadır. Pek çok insan sadece "irade" leri olmadığını söyleyecektir. Ayrıca görevin tesliminden hemen önce iradeyi iş başına çağırmak imkansıza yakın bir şeydir. Öyle zamanlarda o motivasyonu yakalayabilirsek, her şeyi yapabilirmişiz gibi gelir. Ancak hiç kimse bir görevi bu şekilde, sürekli ve ağır bir baskı hissederek tamamlamak istemez. Yoğun işleri nedeniyle bu duruma düşenler sıklıkla pişmanlık yaşarlar. Ayrıca tabii ki pek çok olumsuz fiziksel ve psikolojik yan etki de ortaya çıkabilir.

Aslında her iki dünya için de en iyisini bulmak mümkündür: Teslim tarihinden kaynaklanan stres ve gerginlik olmadan verimli ve proaktif olmak. Bunun irade ile çok az ilişkisi vardır ve az sonra göreceğimiz gibi irade sadece değişken ve önemsiz bir faktördür. Gereken şey motivasyonu anlamaktır. Ancak bu konuyu şimdilik bir kenara bırakalım ve birkaç örnekle ilerleyelim.

Motivasyon Kaybı

Annemarie kilo vermeye çalışmaktadır. Spor salonuna üye olur. İki hafta boyunca her gün istekle gider ve takdire değer bir şekilde antrenman yapar. Üçüncü haftanın ilk gününde gitmek için tereddüt eder ama yine de kendini toplayıp gider. Ertesi gün, bir gün atlamakta sorun olmayacağını düşünür ve gitmez. Ve ardından spor salonuna gitmek için kendini toparlamakta birçok kişide olduğu gibi güçlük çeker. Pek çok gün bu korkunç hissi atlatmak zor gelir ve spora gidemez. Ardından spor salonuna haftada bir kez gitmeye başlar, sonra iki haftada bir ve en sonunda gitmeyi bırakır. Bu, tipik bir motivasyon kaybı örneğidir ve günümüzde oldukça yaygındır.

Sigara Bağımlılığı

John, 36 yaşındadır. Bir muhasebe firmasında çalışmaktadır ve 18 yıldır kullandığı sigarayı bırakmak istemektedir. Günde yarım paket sigara içmektedir. Gün boyunca sigara için yoğun bir istek duyar ama verdiği sözü hatırlayıp, dayanır. İlk gün sözünü tutar ve tek bir sigara bile içmez. Ertesi gün işten eve yürürken, kendini sigara içerken bulunca şaşırır.

Paketi cebinden çıkartmış, sigarayı almış, ağzına koymuş, cebinden çakmağını çıkartmış, sigarayı yakmış, hem paketi, hem çakmağı cebine geri koymuş ve ancak birkaç nefes aldıktan sonra tüm bunları yapıp sözünü bozduğunun farkına varmıştır. Sigaradan son bir derin nefes alır ve fırlatıp atar.

Ertesi gün, tekrarını önlemek için paketini iş yerindeki çekmeceye koyar. Sıklıkla sigara içme arzusu duyar ama çekmeceye uzanmaması gerektiğini düşünüp kendini durdurur. Ancak bir süre sonra kendini elinde paketi, sigarasını yakmış olarak bulur. Çekmeceden alıp, dışarı çıkmış, isteyerek sigarasını yakmıştır. Hareketlerinin farkındadır ama sigaradan birkaç nefes aldıktan sonra suçluluk hisseder: Verdiği sözü tutamamıştır. Sigarayı aniden fırlatır.

Bir sonraki gün hiç bir şekilde sigaraya ulaşamamak için paketi tamamen atar. Bir kez daha sigara içme arzusu güçlenir ama gidermek için fırsatı yoktur, kaçınır. Gün boyunca işinde çok az gelişme sağladığını ve düşüncelerinin sürekli markete gidip sigara almaya yöneldiğini fark eder. Sonuçta bu zorlu bırakma denemesinin, profesyonel yaşantısında kabul edilemez etkileri olduğuna karar verir. Sigarayı bırakma denemesini erteleyerek dükkâna gider ve sigara alır; belki de tatil zamanın da bırakmalıdır. Günde yarım paket sigara içme rutinine geri döner. Bu örnekte John, bağımlılığından vazgeçmek için pek çok insanın gösterdiğinden fazla önemli bir çaba sarf etmiştir. Ancak bırakmaya çalışırken bir kritik noktayı gözardı etmiştir. Kitabın sonunda John'a bir dahaki denemesinde başarılı bir şekilde bırakabilmesi için öğüt verip veremeyeceğimizi göreceğiz.

Bilgisayar Oyunu Bağımlılığı

Junseo üniversiteden kış tatili için eve dönmüştür. Makul miktarda ödevi ve evdeyken halletmesi gereken bazı kişisel işleri bulunmaktadır. Ama hiçbir şey acil değildir. İlk gün sabah sekizde uyanır. Ailenin geri kalanı uyumaktadır ve hiçbir yere gitmek istemezler. Bu duruma sıkılmıştır. Junseo, sıkıntısını gidermek için çocukluk alışkanlığı olan bilgisayar oyunlarını seçer. Uzun süredir bilgisayar oyunu oynamamıştır ve üniversitede de hiç böyle bir isteği olmamıştır. Çocukluğundan beri odasında olan, tamamen unuttuğu PlayStation'a dalıverir. Oyuna hafif bir özlemle başlar ve sonraki birkaç saatini oyunun kurallarıyla yeniden tanışarak keyifle geçirir. Saat 10'da kahvaltı yapar. Karnı doymuştur ve uyuşuk hissetmektedir. Kendi için önemli bir şey yapması gerekmediğini düşünerek ve oyununa geri döner. Birkaç saat daha oynar, bu şekilde eğlenmektedir. Saatine baktığında 13.30 olduğunu görür. "Bunu bırakmalı ve günüme devam etmeliyim," diye düşünür. "Yürüyüşe çıkmalı, erkenden ödevimi yapmalı, belki bazı eski arkadaşları görmeliyim." Evden çıkmak için hazırlanır ama çıkmadan 15 dakika daha oynar. 15 dakika sonra tatmin olmamış hisseder ve kendine bir 10 dakika daha verir. Bunu fark etmeden sürekli yapar ve kendine verdiği süreyi geçtiğini gördüğünde 10 dakika daha uzatır. Saat 17.00'de acıktığında, oyunu bırakır ve nihayet evden çıkar.

Yürüyüş yapmaya ve bir lokantada hamburger yemeğe karar verir ve bunu gerçekleştirir. Ama eve dönünce ödevinin başına gitmez ve tekrar bilgisayar oyununa başlar. Gece 02.00'de bitkin düşene kadar oyun oynamaktan kendini alamaz ve uyuya kalır.

Ertesi sabah 10:30'da uyanır, kahvaltı eder ve oyun için tekrar büyük bir arzu duyar. O gün 19:00'da birkaç arkadaşıyla barda buluşmak için plan yapmıştır. Buluşmaya kadar epey zaman olduğu için biraz oyun oynamanın uygun olduğunu düşünür. Zamanın geçmesiyle, kesintisiz 8 saat oyun oynar. Saat tam yedide arkadaşlarıyla buluşması gerektiğini hatırlar, hızla giyinir ve bara doğru koşar.

Arkadaşlarıyla birlikteyken oyun hep aklındadır ve oynamak için daha ölçülü bir istek duyar. Eve dönerken aklında hep oyun vardır ve oynamak istemektedir. Bu amacını sürdürür ve eve gider gitmez gece boyunca oyun oynar.

İlerleyen birkaç gün boyunca durum aynı kalır. Junseo oyun oynama isteğine karşı koyamaz ve sadece zorunluluklar dışında ondan ayrılır. Boş vakitlerinde başka hiçbir şey yapmaz ve günde ortalama 12 saat oyun oynar. Bu zaman boyunca kendini durdurmak için kararlar alır, 15 dakika, ardından 20 dakika sonra bir sonraki saati hedefler. Kararlarını yerine getiremez, zamanın akışını kaybeder ve sonuçta pek çok saat oynar. Kalkmayı başardığında ve odasından yemek veya bir iş için çıktığında, işi biter bitmez oyunun başına geçer ve saatlerce devam eder.

Bu, altı gün boyunca böyle sürer. Junseo, altıncı günün sonunda oyunun sonuna ulaşmayı başarır. Başarır başarmaz da, oyuna karşı tüm ilgisini kaybeder ve PlayStation'ını kaldırır. O noktadan sonra onu veya başka bir oyunu oynamaz ve kış tatilini planladığı gibi geçirir: Ödevini yaparak, arkadaşlarıyla vakit geçirerek ve daha olgun, üretken alanlarla ilgilenerek.

Bilgisayar oyunu oynamış olan, hala oynayan veya oynayan birini tanıyan kişiler için bu rastlanmadık bir durum değildir. Ertelemenin bir başka yönüdür ve kendine özgü merak uyandırıcı, tuhaf yanları vardır. Bilgisayar oyunları psikolojik açıdan özellikle ilginçtir. Daha sonraki bölümler de yarattıkları motivasyonel durumları göreceğiz.

Aşırı Uyuma

Tom, çok fazla uyumaktadır. Günlük ortalama 11 saat. Tom, bu durumdan memnun değildir, ancak her gün istemeden de olsa fazla uyumaya alışmıştır. Psikolojik ve fizyolojik olarak sağlığı çok iyidir. Ama yine de sabah yataktan kalkmakta zorluk çekmektedir. Tamamen dinlenmiş olarak kalksa da, sıklıkla yatakta kalmakta ve bir, iki hatta üç saat daha uyumaktadır. Gününü planlamak için işi dışında çok az sorumluluğu bulunmaktadır. Tek odalı oldukça küçük evinde, aynı zamanda uyuduğu odada bilgisayarından çalışmaktadır. Öğünlerin ardından yatağa uzanır ve kısaca kestirir. İşinin bir kısmını bitirdikten sonra genellikle yine yatar ve istemeyerek de olsa uyur. Arkadaşlarıyla buluşmak, yürüyüşe çıkmak veya spor merkezinde çalışmak için hemen her gün evden çıkmaktadır ama bunun dışında hep evdedir. Yatakta yatmak ve uyumak dışında gününü sıkışık odasında geçirmekte ve yine yatarak ara sıra kitap okuyup, TV izlemektedir. Aşırı uyumasında rağmen Tom'un zorunlu işleri ve boş vakti için zamanı bulunmaktadır.

Peki bu örnek ne? Teklifsiz bir şekilde tembellik veya depresyon olarak adlandırılabilir veya fiziksel bir rahatsızlıktan şüphelenilebilirdi. Bunlar geçerli nedenler de olurdu. Ancak sıklıkla böyle bir uyku davranışını belirleyen faktör öncelikle motivasyondur ve bu genellikle göz ardı edilir.

Sanırım bu örnekler genel resmi göstermek ve önümüzde yatan sorunu aydınlatmak için yeterlidir. Şunu bilmek istiyoruz: İsteğimize karşı duran anlaşılmaz psikolojik mekanizmaların altında ne yatıyor? Bazı şeyleri yapmak için kendimizi toplamayı neden beceremiyoruz ve neden başka şeyler yapmaktan kendimizi alıkoyamıyoruz? Bu davranış insanoğlunda neden böylesine güçlü? Ve neden irademiz bazen yeterince dayanamıyor? Neden bazı aktiviteler kendimizi alamayacağımız kadar çekici gelirken bazı şeyleri yapmak devasa bir kayayı kaldırmak gibi geliyor? Ve sonuç olarak bunun üstesinden neden ve nasıl gelebileceğimizi, yapabileceklerimizden neler öğrenebileceğimizi ve bu bilgiyi kaderimizi kontrol etmek için nasıl uygulayabileceğimizi bilmek istiyoruz?

2 Gizemi Çözmek

Genel psikolojik fonksiyonlara veya teorilere erkenden girmeden, önümüzdeki örneği açıklayan kapsamlı bir resme önce küçük dokunuşlar yaparak başlayalım. Burada, davranış ve sonucu arasındaki farkı anlamak için, bugünlerde iyi tanınan bir kavram olan, güçlü bir içgörüye başvururuz.

Davranış ve Sonuç

İlk bakışta Jim ödevini tamamlamak istiyor, Annemarie forma girmek istiyor, John sigarayı, Junseo da bilgisayar oyununu bırakmak istiyor ve Tom ise daha az uyumak istiyor. Davranışları bizim için anlaşılmaz görünüyor. Ancak daha yakından bakarsak bu insanların hareketlerin kendisini değil, sonucunu istediklerini fark edebiliriz. Jim ödevini yazmak değil, yazınca elde edeceği sonucu istiyor - edebiyat dersini geçebilmek. Annemarie aslında spor salonuna gitmek istemiyor, en azından iki haftadan sonra, sadece sonucunu görmek istiyor - istediği kiloya inebilmek. John aslında sigara içmeyi seviyor. Sigara içmek ona büyük bir tatmin veriyor, sigaranın tadını ve sakinleştirici yanını seviyor - sadece sonucunu görmek istiyor: Sağlık yararları, para tasarrufu ve ailesiyle arkadaşlarına karşı daha hoş görünmek. Junseo da bilgisayar oyununu bırakmak istemiyor: Çok hoşuna gidiyor. Sadece bırakmaktan faydalanmak istiyor: Daha yaratıcı şeyler için vakit bulabilmek. Ve son olarak Tom: o da her gün üç saat fazladan uyumayıp daha iyi şeylere vakit ayırmak istiyor - ancak şu an için uykudan ayrılmaya dayanmak çok zor geliyor.

Sadece bu ayrımla bile tüm resim birleşiyor ve başlangıçtaki bulmacamız çözülmüş görünüyor. Ama bu kadar kolay değil! Ulaştığımız şey, insan tavrının altında yatan psikolojik mekanizmaların çözümü değil, sadece kavramamız için yolun başlangıcı. Sonuçta bir davranış ve onun sonuçlarını basitçe ayırmak, bize kişinin belirli bir hareketi yapıp yapmayacağını veya ne zaman yapacağını belirleyen etmenleri ya da harekete geçirici yolları söylemez. Örneğin: Jim ödevi yazdı, Annemarie en azından iki hafta boyunca spor salonuna devam etti, Junseo bilgisayar oyunu oynamayı bıraktı ve John sigara içme arzusuna karşı hatırı sayılır bir duruş gösterdi. Doğru bir iz üzerindeyiz ve onu takip edelim.

Sonuç Eylemden üstün Gelirse

Jim'in davranışına, ödevi yazma eylemi ve sonuçlarını ayırarak baktığımızda, ödevi sonunda yazabilmesinin sebebinin yazmamasının korkutucu sonuçlarının olduğu çıkarımına varabiliriz. Daha fazla ertelemek Jim'in sınıfta kalmasına yol açacağı için, sonuçların ağırlığı ödevi yazmaya isteksizliğinin önüne geçiyor ve onun bu durumla başa çıkabilmesini sağlıyor.

Bu nedenle kişinin bir davranış (Jim için ödevini yazmak) ve sonuçları (bu durumda sınıfını geçmek) için isteğinin motive edici rol oynadığını görüyoruz. Her etkenin ayrı çekim gücü var ve biri diğerine karşı koyarsa, genellikle kişinin davranışında güçlü olan belirleyici oluyor. Ancak, acaba kişinin zihninde zıddını seçmesine ne sebep olmaktadır?[2]

Hareket ve Sonucun Beklentisi

Hareket ve sonuç arasındaki psikolojik mücadelede ayırt etmemiz gereken iki farklı senaryo vardır. İlki, kişi hareketi sorgulamaya başlamadan gerçekleşir - örneğin Jim ödevine başlamadan. Bu du-

[2]Sonuçta, her davranış ona neden olan zihinsel sürecin belirtisidir.

rumda hem hareket hem de sonuçları sadece ileriye yöneliktir. Zihinde fikirler ve geleceğin beklentileri birlikte mevcuttur. İkinci senaryo kişi hareketin ortasındayken gerçekleşir, zaten işin içine girmiştir - örneğin, Junseo bilgisayar oyunu oynarken. Böyle bir durumda hareket ve sonucu arasında bir uyuşmazlık vardır. Zira, kişi hareketi halihazırda süre giden şekilde fiziksel olarak deneyimlemektedir, ancak sonuç bir olasılık, bir gelecek beklentisi olarak kalmaktadır.

Jim'in durumunda ödevi yazmanın ve tamamlamanın getirdiği sonuçlar zihinde sadece olasılık olarak mevcuttur - o anki duruma fiziksel etkileri olmamaktadır. Jim'i ödevini hazırlamak için teşvik eden faktörün endişe olduğunu biliyoruz.

Jim'in davranışlarında endişe duygusunun günümüze gelecekten elçi gibi rol oynadığı sonucunu çıkartabiliriz - Özellikle Jim ödevini teslim etmezse ne olacağı konusunda duyduğu endişe. Hareketin olası sonucu konusunda benzer bir temsilcinin olduğunu varsayabiliriz. Jim'in durumunda, ödevi hazırlama fikrine korku duygusu duygusunun eşlik ettiğini biliyoruz.

Bu olayın ışığında, kişiyi harekete geçmek için motive eden duygulanım* ve duyguların büyük rolünü fark edebiliriz. Her koşulda olası ve/veya ileriye dönük olayların kişinin şu anki zihninde düşünceler, çağrışımlar ve duygulanımlar aracılığı ile yer aldığını söylemek zorlama bir yorum olmaz.

Şimdiki Etklinliklere Karşı Gelecekteki Sonuçlar

Junseo'da olduğu gibi halihazırda dahil olunan etkinlik (bilgisayar oyunu) ile gelecekteki sonuçlar çeliştiğinde, bu iki faktörün kişinin

*Duygulanım terimini İngilizcedeki 'affect' teriminin karşılığı olarak kullanacağız. Duygulanım, duygudan farklı olarak kişinin o sıradaki bedenindeki duygusunu ne şekilde yaşadığı ile ilgilidir (canlı veya donuk gibi). Örneğin, kişi üzgün olabilir ama duygulanımı düz olabilir. (editör notu)

davranışlarına nasıl etkisi olduğunu oldukça iyi ölçebiliyoruz. Junseo gibi oyun oynamaya çok bağlı biri için gelecekteki sonuçlar oyun oynamayı bırakmak konusunda baskın bir etki göstermezler. Oyunu bu kadar uzun süre oynamanın sonuçları (veya yapabileceği diğer üretken şeyler) - göz önünde bulundurulmadığı ve bir dakika bile oyundan uzaklaşamadığı için - böyle düşünceler sıklıkla ortaya çıksa da - oyun oynarken ki deneyimi ve aldığı keyif karşısında gelecekteki sonuçlar pek de güçlü değildir. Arkadaşlarıyla buluşma planları gibi bazı gelecekteki olaylar ona oyunu bıraktırır. Bu, erteleme örneğindeki teslim tarihi gibi bir işlev görür: Amaçlarını başarmak için son dakikada harekete geçirmek. Ayrıca bu durumda davranışın tamamen aynı faktörden kaynaklandığını biliriz: Endişe - arkadaşlarını ekmenin sonuçlarının yarattığı endişe. Ona bilgisayar oyununu bıraktırabilen bir başka şey de güçlü bir açlık duygusu olmuştur.

Burada gördüğümüz, bu durumun hareketin sadece gelecekteki bir olasılık olduğu bir durumla aynı olmasıdır. Junseo'nun durumunun bir öncekinin tamamen olumsuzu olması bizi çok şaşırtmamalıdır. Jim'in durumunda, o bir etkinliğe başlamaya çalışıyordu (ödev yazmak). Junseo ise bir etkinliği bitirmeye çalışıyor (bilgisayar oyunu oynamak). Ancak ikisinin durumunun aslında aynı olduğunu görmek için yaşadıkları durumları yeniden adlandırmak yeterli. Jim'in erteleme etkinliğini durdurmaya çalıştığını (söz konusu olan etkinlik her neyse, bir bilgisayar oyunu da olabilir) ve Junseo'nun değişik bir etkinliğe başlamaya çalıştığını söyleyebiliriz (oyun yerine her ne yapmak isterse, arkadaşlarıyla buluşmak gibi). Bu tür senaryoların hepsinde iki kısım vardır: Bir etkinlikten vazgeçmek ve diğerine başlamak. Bunu akılda tutmak ileride işimize yarayacak.

Yine de burada net olarak bir örüntü fark edebiliriz: Kişiyi anlık isteklerinin aksine davranmasında etkin şekilde motive eden, somut sonuçları olan somut gelecek olaylar vardır. Pek çok kişi için bir zorunluluğun motive edici etkisi en son “yap yada bırak” noktasında ortaya çıkar. Bu, yaklaşan sonuçların gerçekten hissedilmesi durumuna bağlıdır (daha önceki zamanlarda ise algılanan bu sonuçlar daha sonra ilgilenilecek konulardır).

Ancak bu, tam o zamanda hissedilen endişe duygusunun başlamasıyla ilgili değildir. Bu tür bir yaklaşan zorunluluğun her zaman endişe ile ilgili bir yanı vardır (endişenin genellikle son dakikalarda en güçlü seviyede olduğunun kabul edilmesi ile beraber). Endişenin ruhsal doğasına oldukça benzer olarak yemek yeme isteğinin veya arkadaşlarına buluşma sözü vermenin Junseo’nun oyunu bırakmasına neden olması göz ardı edilmemelidir.

Bir Ekinliğe Başlamak İçin Etkinleştirici Enerji

Örneklerimizde gördüğümüz gibi çoğu gönülsüz davranışın nedenleri kişinin bir eylem için zıt arzulara sahip olması ve bunun beraberinde getirdiği sonuçlardır: Ya (1) belirli bir eylemin çekim gücü olumsuz sonuçların motive edici gücünü baskılar, ya da (2) yararlı sonuçların motive edici gücü kişinin eyleme olan isteksizliğini bastırması için yeterli olmaz. Ama bu, tam olarak aynı koşulların bulunmadığı pek çok benzer davranış için geçerli değildir; ayrıca bu koşulların bulunduğu pek çok durum için de tam olarak geçerli değildir. Zira şimdiye kadar hesaba katmadığımız bir faktör daha vardır. Örnek olarak, bir kişinin bir eylem ve sonuçları için belirgin (çelişkili olmayan) olumlu isteğini ele alalım.

Chris, spor salonunda basketbol oynamaya gitmek istemektedir. Basketbol oynamayı sevmektedir ve karşılığında bu ona büyük bir egzersiz olarak döner. Yapacağı daha iyi bir şey yoktur. Ama Chris kortlardan 30 dakika ötede oturmaktadır. Her seferinde oraya gitmek için yapacağı uzun yürüyüşü düşündüğünde kendini koltuktan kaldıramaz ve sonuçta gitmeyip TV izler.

Bu senaryoda Chris hem eylemi hem sonuçlarını istemektedir. İstemediği şey ise etkinliği başlatmak için gerekli adımları atmaktır. Bunun tembellik işareti olduğunu düşünebiliriz. Ancak yürüme mesafesinin iki ya da dört saat olduğunu düşünsek ne olurdu? Her durumda, her etkinliğin harekete geçme enerjisine benzer bir başlangıç eşiği vardır. Ve sıklıkla etkinlik arzulanır ve uzun vadede yararlı da olsa, kişiyi başlamak için gerekli adımları atmaktan alıkoyan eşik ek bir karşı koyucu faktör olarak görev yapar.

Bunun ışığında bir eylemi gerçekleştirmenin iki ayrı kısımdan oluştuğunu hesaba katmak en iyisi olacaktır: eylemi başlatmak için gerekli hareketler ve eylemin kendisi. Bu şekilde, beklenen bir eylem ve sonuçları arasındaki zihinsel yarışta, eylemi başlatması gereken hareketleri de göz önünde bulundurmalıyız. Hemen hemen her zaman hazırlık hareketleri eyleme katılmaktan caydırıcı olarak rol oynayacaktır zira genellikle sıkıcı ve çaba gerektiren bir doğaları vardır.

Eğer bir eylem tatsız ama sonuçları arzulanır ise, başlama eşiği eyleme başlamakta ek bir karşıt etken olarak görev yapar. Bir eylem çekiciyse ancak sonuçları zararlıysa, harekete geçmek için gerekli çaba, dengeyi kaçınmaya doğru iten bir caydırıcı olabilir. Hem eylem hem de sonuçları istenir olduğunda bile, hazırlık aşaması heves kaçırarak eylemsizliğe neden olabilir.

Sonuçta, bir eylem ve sonuçların arasındaki zihinsel mücadelenin çözümünden sonra, kazanan ilk etkinliği başlatmak için benzer bir savaş daha vermelidir. Kişilerin tatsız bir eylem için yeterli gücü topladıkları anda hareketsiz kalmaları ile sonuçlanan bir mücadele genellikle karar vermenin ikinci aşamasında olur.

Bir eylemi ortasında bırakmaya çalışan bir kişinin durumunda da atılması gereken adımlar tamamen ayrıdır.

Şimdiye Kadarki Görünüm

İnsan motivasyonunu anlamak için yeterli bir yol aldık. En önemlisi, her eylem için psikolojik olarak birbirinden farklı üç kısım belirledik. Eylemin kendisi, sonuçları ve başlatmak için gerekli olan çaba. Bunlar, kişinin zihninde birbirleriyle zıt düşebilir ve (henüz bilmediğimiz bir psikolojik süreçle) kişiyi zıt bir yöne çekebilir. Bu bulguyu Şekil 1'de gösterdim.

Araştırmamızda nasıl ilerleyeceğimiz konusunda başarısızlık yaşayacağız gibi görünüyoruz. Sonuçta, davranışları zihinsel mücadele, istenilme ve caydırıcılar gibi genel terimlere göre analiz etmek bizi ancak belirli bir noktaya kadar getirebilir.

Önümüzdeki problemi daha derinden anlamak için, kişinin gelecek eylem ve sonuçlarını tasarlarken zihninde olup biten süreci daha mikroskobik olarak incelemeliyiz. Ancak o zaman hareketinin ilerleyişini belirleyen en önemli faktörleri belirleyebilir ve bu faktörleri kasten yöneterek onlar üzerinde kontrol sağlamayı öğrenebiliriz.

Aslında bilimsel süreçte karmaşık bir soruna doğrudan çözüm bulmadan önce pek çok farklı açıdan bakılmasına sıklıkla rastlanılır.

Şimdi bu soruna, insan motivasyonunu ve ayrıca bağımlılığı iyileştirme, verimliliği arttırma, tembellikten kurtulma ve benzer pek çok durumu derinden anlamamızı sağlayacak iç gözlemci psikoloji açısından yaklaşacağız. O zaman, bizi motivasyonun çözümüne götürecek bu bitişik patikada yola koyulalım; ayrıca süreç içinde iki patikanın yollarının kesiştiği noktada araştırmamızın sonuçlarına ulaşacağız.

Etkinlik
Sonuçları
Etkinliğin çekiciliği veya iticiliği
Sonuçlara ulaşma veya sonuçlardan kaçınma isteği
Mevcut etkinliği bitirmek veya başlatmak için gereken çaba
Başlama Enerjisi

Şekil 1 –

3 Motivasyonun Psikolojik Doğası

İşe, fiziksel duyuların motive eden (veya motive etmeyen) yönünü saptayarak başlayacağız. Basit bir örnek olarak dizi ağrıyan iki insanı ele alalım. A kişisinin yürürken dizi, B kişisinden daha fazla ağrımaktadır. Tüm diğer faktörlerin eşit olduğu durumda, her ikisi de acıya dayanamayıp dinlenmek için oturduklarında B kişisinin, A kişisinden daha fazla yürümüş olabileceğini rahatlıkla öngörürüz. İki farklı zamanda farklı seviyelerde acısı olan tek bir kişiyi, yani C kişisini ele alırsak, aynı tahminde bulunabiliriz: acısı daha fazla olduğunda daha önce durmuştur. Her durumda sonuç aynıdır. Acı bizi bu şekilde, ona neden olan davranışı durdurmamız için motive eder; acı daha fazla ise, onu durdurmak için olan motivasyon da daha fazla olacaktır.

Bu veya benzer senaryolarda kişinin sahip olduğu gerçek motivasyon, basitçe acıdan kurtulmak veya acıyı azaltmaktır. Bu, sadece fiziksel acı için geçerli değildir. Acıya benzer niteliği olan her şey için doğrudur. Kişide açlığın fiziksel duyusu arttıkça, onu dindirmek için yemek yemeğe olan motivasyonu daha da artacaktır. Biri daha çok üşüdükçe, sıcağa ulaşmak için daha fazla motive olacaktır. Kaşıntının şiddeti arttıkça, insan onu daha fazla kaşımak isteyecektir.

Ayrıca, böyle bir acı, deneyimlendiğinde onu rahatlatacak eylem için motivasyon sağlamakla kalmaz, rahatlama sağlamayan diğer tüm eylemlerden motivasyonu alır götürür - ve bu, şiddetiyle orantılıdır. Motivasyonla ilgili olarak günlük dilde konuşacak olursak, mide virüsü nedeniyle aşırı rahatsızlık çeken, kusan, ateşli vs. bir kişi geçici olarak tüm heveslerini terk edecek ve hastalığına rahatlama sağlayan eylemler dışındakilere ilgi duymayacaktır. Patronu bile arasa, büyük olasılıkla ertesi gün aramasını söyleyecektir.

Şimdi, bu prensibi duygulara uygulayabilir miyiz, bakalım. Kimse duyguların motive edici gücünü yadsıyamaz. Terimin günlük kullanımında bile, bu rol itirazsız kabul edilir. Bir aktörün sahnesini oynamadan önce sıklıkla aradığı yanıtı düşünün: "Motivasyonum ne?". Kitabın başındaki örneklerde de endişe duygusunun ertelemeciyi ödevini yazması ve bilgisayar oyuncusunu oyunu bırakması için nasıl motive ettiğini gördük.

Üzüntü, endişe, öfke gibi duyguların yapıları gereği fiziksel bir hoşnutsuzluk oluşturduklarına şüphe yoktur. Ek olarak, bu duyguların kişiyi motive ettiği eylemlerin kişiyi yatıştırıcı veya hoş olmayan duyguyu giderici etkisi vardır (ve bazen yerine hoş olan bir şey konur). Öfkeli olan kişi, öfkeli olduğu kişiden (veya şeyden) acısını çıkarmak isteyecektir. Bunu yaptığında öfke kaybolur. Endişeli bir kişi genellikle onda endişe uyandıran şeyden kaçınmak isteyecektir. Bunu yaptığında endişesi kaybolur. Üzüntünün işleyişi daha karmaşıktır ama o durumda da genellikle kişi üzüntülü durumdan uzaklaşır ve en azından bu şekilde duyguyu rahatlatır.

Tüm bunların ışığında birlikte gelen fiziksel hoşnutsuzluk hissiyle beraber duyguların, tamamıyla olmasa da büyük oranda motive edici rol oynadığı sonucunu çıkartabiliriz. Ve temel neden sonuç ilkelerine göre şunu kesinlikle söyleyebiliriz: Bu duyguların tek etkisi rahatlama yolları (intikam almak gibi) ile beraber hoşnutsuzluğu ortaya çıkarmak olsaydı, kişi üzerinde aynı motive edici etkiyi en azından kalite açısından ortaya çıkarırlardı. Gerçekte intikam isteyen öfkeli kişi (veya güvenlik isteyen endişeli biri) ile yemek yemek isteyen aç biri, dinlenmek isteyen yorgun biri, kusmak isteyen midesi bulanan biri veya cinsel ilişki isteyen uyarılmış birisi arasındaki temel fark nedir?

Günlük yaşamda kişinin eylemini belirlemek için bu duyguların çeşitli fiziksel hoşnutsuzlukla mücadele ettiği pek çok örnek bulunur - eşit rakiplerin oyun sahasında olması gibi. Tuvalete gitmek için öğretmeninden izin alması gereken utangaç bir çocuğu düşünün. Tuvalet ihtiyacı ağır bastığında sonunda endişenin üstesinden gelecektir. Annesine olan kastından dolayı öfkeli bir şekilde yemek yemeyi reddeden bir ergen, öfkesinin yerini daha güçlü bir duygu olan açlığa bıraktığını görecektir. Ve hemen hemen tüm vakalarda çok tutucu veya dindar biri doğal cinsel dürtüleri uyandığında (bu da kesinlikle hoşnutsuzluk ve gerilim hissi yaratır) konuyla ilgili utançtan daha yoğun bir his yaşayacak ve cinsel ilişki ya da mastürbasyonla rahatlama yolu arayacaktır.[4]

Bu açıklama ile yardımcı olamasak da insanın işleyişi için temel önemi olan psikolojik mekanizmayı ortaya çıkardığımızı söyleyebiliriz. Bu derin psikolojik bir ihtiyacın ortaya çıkmasıdır, ya da daha net olarak, kişinin hoşnutsuzluğu/acıyı azaltarak temel biyolojik işlevlerini yerine getirmek için gerekli davranışı yerine getirmesi için motive eden zorlantıdır (kompulsiyon). Daha da çarpıcı olan şey aynı zorlantı mekanizmasının çok daha karmaşık ve daha az gerekli - hatta yüzeysel - davranışlardan da sorumlu olmasıdır.

Ancak, bu bulguların yaygınlığından bahsetmeden önce resmin sadece yarısının elimizde olduğunu fark etmeliyiz. İnsanların acıyı azaltmaya olduğu kadar, zevki arttırmaya da ihtiyaç duyduklarını görüyoruz.

[4] Bazı ender ve patolojik durumlarda tersi de gerçekleşir. Kişinin duyguları o kadar yoğunlaşır ki, yaşam için en temel biyolojik fonksiyonların güçlü fiziksel motivasyonlarını bile engellerler. Bu, her zaman derin bir psikolojik patolojiye yol açar.

Zevk Arama Motivasyonu

Bir kişiyi zevk veya keyifsizlik hissetmediği, nötr dediğimiz bir durumda ele alırsak, arayacağı sonsuz çeşitte şeylerin net karakteristiğini görürüz: Hepsi zevk veren şeyler olacaktır. Zevkin veya sıkıntının hissedilmediği bu durumdaki kişi aslında "sıkkın" olarak tanımlanabilir.[5]

Böyle bir durumda, kişinin aklı kendine zevk veren şeylere yönelip orada takılı kalacaktır. Ve bu, sadece zevk veren eylemlerle ilgili değildir. Eğer zevk veren aktivitelere ulaşamıyorsa, kişi o zevki düşünce aracılığı ile bulmaya çalışacaktır. Hayali fantezilere kapılıp, keyifli anıları hatırlayacak veya ilgi çeken şeye bakacaktır. Bir nedenden dolayı bunları bile yapamaz ve zevke bilinçli şekilde erişemezse, bilinçdışı zihni, zevki sağlamak için çağrışımlar ve varsanılar aracılığı ile devreye girer. Bilinçdışı, onun zihninde bir şarkı, cesaret veren bir slogan veya kişisel bir mantra canlandıracak veya gündüz hayallerinde olduğu gibi onu hoş bir halüsinasyona taşıyacaktır.

Yani her kim, boş zamanlarında aklına zorla bir şarkı veya melodinin neden takıldığını, neden sıklıkla açıklanamaz şekilde zihinsel olarak belli bir cümle veya sloganı söylediğini (her zaman kendini övücü ya da bir zorluğun üstesinden gelmeye yönelik şekilde), neden hayali bir fanteziye sıklıkla kapıldığını veya düşüncelerinin neden sürekli heyecanla belirli bir bağımlılık diyebileceğimiz bir şekilde etkinliğe kaydığını (bilgisayar oyunu oynamak , TV izlemek veya pornografi gibi) merak ederse, nedeni tüm bu düşüncelerin, fikirlerin ve zihinde beliren çeşitli durumların eğlendirici, keyifli yapıda olmasıdır. Sizi bilinçdışı bir şekilde eğlendirmeye çalışan ya da keyif almaya yönlendiren zihninizdir.

Ancak zihin sadece keyif almak istemekle kalmaz, keyfi arttırmak ister. Nötr halinde uyanan bir kişi kitap okumak gibi orta seviyede zevk veren bir etkinliğe başlamaktan (aşırı heyecanlı olmayan, belki

[5]Can sıkıntısının da tabii ki keyifsiz bir yanı vardır.

bir ders kitabı) ya da yaratıcı bir görev üzerinde çalışmaktan (kişiye zevk vermesi koşuluyla) oldukça hoşnut olacaktır. Ancak bu etkinliklere daha zevkli bir şey yaptıktan sonra geçmeyi çok zor bulacaktır (oyun oynamak veya TV izlemek gibi). Zira bu, keyifte genel bir düşüşe yol açacaktır. Nötr durumdayken tamamen zevksiz bir etkinliğe (önceliği olmayan bir iş gibi) karşı deneyimleyeceği aynı korku ve direnmeyi yaşayacaktır.

Pek çoğumuz kuşkusuz bu etkiyi şimdiye kadar şaşırtıcı veya daha çok can sıkıcı zihinsel bir olay olarak kitap okurken yaşamışızdır. Okumamızın bir noktasında, içeriği okumayı kesip, tamamen kendi düşüncelerimize kapılmışızdır. Bu, bir kere gerçekleştiğinde okumayı yeniden başlatmak oldukça zor gelir ve kısa süre sonra aynı şey gerçekleşir: tekrar düşüncelerimize dalarız. Bunun nedeni zihnimizi ele geçiren düşüncelerin kitabı okumaktan daha fazla zevk vermesidir. Kitap, daha cazip ve keyifli düşüncelere ilgiyi tetiklediğinde, o düşünceyi sürdürme eylemi bilinçsiz olarak okuma eyleminin önüne geçer. Ayrıca, aynı etki, kitabın endişe, öfke veya üzüntüyü veya başımıza gelen başka bir çeşit keyifsizliği tetiklemesiyle de olur. Bu durumda ortaya çıkan düşüncelerimiz sıkıntıyı dindirme yönünde olacaktır.

Dikkatimizin istemsiz ve otomatik şekilde okumaktan kopması, her zaman şu iki faktörden birinin sonucudur: Daha keyifli bir şey için veya keyifsiz bir şey yüzünden vazgeçilmesi. Ve bu, tüm benzer yapıdaki senaryolar için geçerlidir: Kendi düşüncelerimizin yön değiştirmesi, herhangi bir konuşma veya ders dinlerken zihnimizin gezinmesi ve benzerleri.

Motivasyon Olarak Haz ve Sıkıntının Aynı Anda Bulunması

Şimdiye dek karşılaştığımız tüm kanıtlar, pek çok insan bilişi ve davranışı üzerinde zevk ve keyifsizliğin fiziksel duyumları aracılığı ile etkili olan derin bir psikolojik etkinin varlığını göstermektedir.

Bu etkinin yapısını en iyi şu şekilde tarif edebiliriz: hazzı arttırıp, sıkıntıyı azaltmak için temel bir insani zorlantı.

Geçmiş 19. yy ve erken 20.yy psikologlarına göre bu yaygın olarak tanınmış ve kabul edilmiş bir fikirdi. Zevk aramak ve sıkıntıdan kaçmak o zamanlar için insan zihninin en temel çabası olarak görülürdü ve diğer psikolojik işlevler onun üzerine temellendirilmişti. Freud, bundan haz ilkesi olarak bahsetmiştir. Ancak günümüz modern psikolojisinde bu artık bir kavram bile değildir.[6] Buna rağmen, kendi kanıtlarımıza dayanarak insan motivasyonunun büyük bölümünün bu faktör tarafından belirlendiği sonucuna varabiliriz: Haz ilkesi.

Bu farkındalık tek başına insan psikolojisi ve davranışı anlayışımızda büyük bir kazanımdır (geliştirme). Ancak konuyu daha da ilerletirsek, çok daha şaşılacak bir keşifle karşı karşıya kalırız. İnsan işleyişinde haz ilkesinin etkin olmadığı hiçbir durum yoktur. Bu ilke kişinin davranış ve düşüncesinin yönünü belirlerken her durumda baş rolü oynar.

Eğer kendimizde bu etkiyi gözlemlemeye odaklanırsak, sabahları yataktan kalkmak gibi en sıradan etkinliklerin bile bu tür zevk/keyifsizlik temelli motivasyona dayandığını görürüz. Yatakta uzanmak haz sağlarken (çoğunlukla öyledir) kişi ancak yeni güne başlamanın heyecanı, sabah koşusuna çıkmak, bir spor karşılaşmasının sonuçlarını öğrenmek veya sevilen bir dizinin yeni bölümünü izlemek gibi daha büyük bir haz sağlayan; ya da tuvalete gitme zorunluluğu, açlık, çalar saatin rahatsız eden sesi, yatakta çok uzun süre yatmaktan dolayı oluşan ağrı, yapılması gereken bir şeyle ilgili duyulan endişe, çok fazla uyumaktan kaynaklanan batmalar gibi sıkıntı yaratan durumlarla yataktan çıkabilir.[7] Artık yatakta olmak

[6] 1900'lerin ortasındaki sözde Davranışçı Devrim sonrası, daha önceki döneme ait tüm psikolojik çalışmalar, teoriler ve bulgular bilim dışı olarak etiketlendirilmiş ve günümüz psikolojisine göre yanlışlıkla uydurulmuş, şüpheli ve ilgisiz kabul edilmektedir.

[7] Bu, pek çok kişide pek çok durum için geçerlidir. Ancak daha sonra ele alacağımız gibi, kişinin böyle bir davranış için kendisine yardımcı olmak üzere sergileyebileceği farklı bilişsel etkenler olabilir. (Bkz: Hayal Kurmanın Gücü Bölümü)

zevk vermese, hatta keyifsiz gelmeye başlasa bile (kişi artık uykulu değilse yatakta kalmak güçleşir) kalkmak için sıklıkla yine de daha fazla motivasyon gerekecektir, zira yataktan çıkmanın kendisi genelde zevksiz bir durumdur (Özellikle kişi soğuğa maruz kalacaksa veya ranzadan inmek gibi bir çaba gerektiriyorsa).[8]

Bulgularımız bize, zevki arttırıp sıkıntıyı gidermenin sadece belirgin bir motivasyon tipi olmadığını, motivasyonunun özü olduğunu söylemektedir. Tüm motivasyonun ardındaki geçerli psikolojik güç budur (çoğunlukla 19. yy psikologlarına göre) ve motivasyon olarak görülebilecek her şey kaynaktan türer. Ve aynı anda ve aynı yerde olabilme özelliği ve insan bilişi ile davranışı üzerindeki kontrol edici baskın rolüne rağmen, kendilerine açıklanmadığı sürece insanlar haz ve sıkıntının yaşantılarındaki motivasyonlarının üzerindeki rolünden habersizdirler. Onlar için tamamen bilinçdışıdır. Duygularının farkında olanlar için motivasyon, düşünce ve eylemlerin sonucudurlar (ya da yan etkisidirler); ama gerçekte ise haz ve sıkıntı, etkiyi ortaya çıkaran nedenin kendisidir.

Bu unsurun yaygın ve düzenleyici etkisini, en ilkel ikili işlevselliğini ve olağanüstü bilinçdışı yapısını fark etmek, insan zihninde tamamen bilinçsiz bir mekanizmayı ele aldığımız konusunda şüphelerimizi ortadan kaldırıyor: en ilkel ve en önemli. Psikolojik teorimizin alanı içinde insan ruhunda özgün bilinçdışı bir sistem olarak ona yer ayırmalıyız.[9] İyi bilinen ve çok çalışılmış İlişkisel Bilinçdışı'na (Associative Unconcious) Hazsal Bilinçdışı (The Pleasure Unconscious) olarak adlandırma riskini aldığımız ikinci ve tamamen ayrı bir sistem ekleyebiliriz.

[8] Aslında ne kadar hafif ya da önemsiz olsa da, her tür çabayı belli bir miktarda keyifsizlik beklentisi uyandırması ile ele alabiliriz: Belli bir oranda istekle üstesinden gelinmesi gereken bir keyifsizlik. Ve çaba ne kadar büyük olursa, onun üstesinden gelmek için daha fazla motivasyon gerekir. Bu faktörün korkusunun üstesinden gelmek için daha çok çaba gösterildikçe daha fazla motivasyon gereklidir.

[9] Büyük ihtimalle fiziksel beyinde de ayrı bir yerde bulunmaktadır.

Hayvanlarda Hazsal Bilinçdışı

Bu ayrı sistemin insan işleyişinin anahtar bir bileşeni olduğunu kabul edersek, bunun kontrol ettiği pek çok fonksiyonun hayvanlarda olması durumunu inkar edemeyiz. Yalnızca insanda görülen, belirli bir dereceye kadar karşı koymaya çalıştığımız hazsal bilinçdışından bağımsız olan bilinçli iradeden alt derece hayvanlar tamamen yoksundur. Yani eğer insan davranışını kabaca haz prensibi yönetiyor ve kontrol ediyorsa, bunun hayvan davranışı için de geçerli olduğunu varsayabiliriz. Ve bu prensip, evrimin en erken organizmalarına kadar geçerlidir.

Tüm bunlar, büyük bir anlam ifade ediyor. Hazsal bilinçdışı sadece iki girdiyi tanır: haz ve sıkıntı. Böylelikle organizmayı ilkini aramaya iter ve sonrakinden kaçınır. Bu, en temel ikili işlevsellik, eski evrimsel kökenlerini yansıtmaktadır.

Belki de, yaşamın ilk kökenleri kadar eski olarak bu ikili işlevi bakteride görebiliriz. Aslında bugün hala görüyoruz. Basit bir bakteri sadece bir şeyin gerekli bir besin (kendisi için iyi) olup olmadığını algılamaya gereksinim duyar ve tüycüklerini ona doğru yüzmek için kullanır. Zehirli, zararlı veya kendisi için kötü olması halinde tüycüklerini ondan uzaklaşmak için kullanır. Eğer hazsal bilinçdışının evrimsel başlangıcı böyle olmasa bile (aslında öyle olduğunu hayal etmek güç) en azından kökeni aynı nedenden kaynaklanmaktadır. İlkel bir organizma sadece kötü şeylerden kaçınmaya ve besin aramaya gereksinim duyar. Bu, gerekli bir evrimsel başlangıçtır.

Bu ilk ikili sistem geliştiğinde, daha karmaşık bir organizmanın evrimi daha çeşitli işlevsellik gerektirecektir. Evrimin doğal ilerleyişi, bu kurulmuş bulunan ikili zemin üzerinde inşa edilecektir (ya da zaten öyle görünmektedir). Evrim çizgisinin aşağısındaki bir yerlerde, organizmaya ortamına adapte olması için yardımcı olan haz ilkesi üzerine kurulmuş içgüdülerin ve duyguların muhtemelen bu düzende geliştiğini görebiliriz.[10]

[10] Ancak, içgüdü ve duygu arasındaki çizgi belirsizdir: Ayrıca tek ve aynı şey olup olmadıklarını söylemek zordur.

Daha karmaşık bir organizma iyi şeyleri arayıp, kötü şeylerden kaçınmaya ihtiyaç duymak dışında daha çeşitli diğer görevleri de yerine getirmelidir. İç gözlem bize hayvanların içgüdüleriyle ilgili hiçbir şey söylemeyeceğine göre, öncelikle duygulardan ve işlevlerinden bahsedelim. Duyguların haz ilkesi üzerine kurulduğu açıktır ve davranışı belirli bir yolla, kolayca hazsal bilinçdışı ilkesiyle motive ederler. Duyguların motive ettiği bu davranış ayrıca evrimsel olarak avantajlıdır.

Öfke duygusunu ele alalım: Öfkeli bir kişi intikam almaya ya da öfkesini her ne kışkırttıysa ona yönelik şiddete başvurmaya kalkacaktır. Öfke başlı başına hoş olmayan bir şeydir ve öfkeden kurtulmanın kökleşmiş biyolojik yolu intikam sağlamaktır. Bu da gerçekleştiğinde rahatlatıcı tatmin ve büyük bir haz sağlar. Öfke zarar görmeye karşı dirençtir, zarar verene karşı cezalandırmadır. Tepki olarak ortaya çıktığı incinmeyi dindirmese de, kişinin saldırganına gelecekteki saldırıların sonuçları olacağını belirterek kendini korumasıdır. Bunu hayvanlarda açıkça gözlemleyebiliriz.

Veya endişe duygusunu ele alalım: Endişeli bir kişi hoşnutsuzluğu nedeniyle endişeden kurtulmak isteyecek ve bunu endişeyi uyandıran şeyden kaçarak yapacaktır. Eğer endişe gelecekteki bir eylem ile ilgili düşünceler ile ortaya çıkıyorsa, bu eylemden kaçınmak isteyecektir. Ama endişe hareketsizlik ile ilgili düşünceler ile ortaya çıkıyorsa, aksine kişiyi harekete geçirecektir. Endişenin evrimsel yararı, diğerlerinin yanı sıra, tehlikeyi önlemektir. Ve bunu da hayvanlarda görebiliriz.

Tüm duygu çeşitleri, motive ettikleri davranışlar ve sağladıkları yararlar burada analiz etmek için çok uzun bir başlıktır. Ancak tüm duyguların kesinlikle bu ilke üzerinde işlediğini iddia ediyorum.

İçgüdüler ele alındığında, bir hayvanın bir uyaranla karşılaştığında harekete geçmek için büyük bir kışkırtma, rahatsızlık veren bir hoşnutsuzluk içine girdiğini tahmin edemez miyiz? Kuş, kırmızı gördüğünde gagalamadan duramaz, çünkü böyle yapmadığında hoş olmayan bir gerginlik gelişiyor olamaz mı?[11] Ördek yavrusu annesinin görme alanı dışına çıktığında hoşnutsuzluk mu (endişe?) hisseder? Balığın büyük bir huzursuzluk ve endişe olmasın diye yumurtalarını koruma zorlantısı ve böyle yaparak zevk duyması? Her hayvanın fırsatını bulduğunda, eylemin hareketsel kısmı iç heyecanı uyandırdığı için nasıl çiftleşeceğini bilmesi? Bir hayvanın cinsel isteğini doğal bir şekilde ifade etmesi ve çiftleşme için eşine sesli çağrısının, duygusuz bir meseleden ziyade, tatmin edici olması?

Beynin evrimsel gelişim adımlarını takip etmeyi sürdürürsek: İçgüdü ve duyguların evriminden sonra (belki de aynı zamanda) uyaranı kaydetmek ve haz, acı, duygular ve içgüdüler ile eşleştirmek için çağrışımlı bellek evrilmiştir. Bu gelişme canlıların davranışlarını geçmiş deneyimlere göre uyarlaması olanağını sunmuş, onlara öğrenme imkanı vermiştir.

Çağrışımlı bellek ve meydana getirdiği çağrışımla gelen duygular günümüzde insanlarda hala çok güçlüdür. Ve evrim tarihinde insana has olan rasyonel, belirgin düşünce ve imgeleme ancak bundan sonra gelişmiştir.

Hazsal Bilinçdışının Dinamikleri

Tüm bunları sıraladıktan sonra, insan davranışına katkıda bulunan karmaşık etkileşimleri ele alabiliriz. Dış dünyadan gelen duyular, duygular, içgüdüler, çağrışımsal duygulanımı ve belirgin imgelemenin tamamı kişinin eylemlerini ve düşüncelerini bir şekilde etkileyen keyif ve keyifsizlik kaynağıdır. Ama sonuçta tüm bunlar direkt olarak ilk motivasyon aşaması ve tüm insanın fiziksel ve psikolojik varlığı üzerinde en üst mahkeme gibi duran hazsal bilinçdışı üzerinden etki eder. "İnsan düşünce ve davranışlarının ardındaki

[11] Gümüş martı yavrusu içgüdüsel bir davranış olarak annesinin gagasındaki kırmızı bir noktaya vurur. Bu, anneyi besini midesinden çıkararak yavruyu beslemek için harekete geçirir. Ancak yavrular nerede benzer bir kırmızı nokta görseler rastgele gagalamaya devam edeceklerdir.

temel belirleyici güçler bilişsel değil istekseldir" sonucumuz bu kanıtlar üzerine dayanıyor.

Düşünce, fikir, anı veya inanç gibi her fiziksel duyu ve zihinsel unsuru keyif verici veya keyif vermeyen, her eylem ve etkinliği de hazzı arttıran veya sıkıntıyı azaltan şeklinde ele alırsak, insan (ve hayvan) davranışının ardındaki etkiler hakkında daha fazla anlayışa sahip olabiliriz.[12]

Erteleme örneğine geri dönecek olursak, bu prensibi eylem halinde daha iyi görebiliriz. Kaçınma etkisi iyi bilinen endişe duygusunun erteleyen kişiyi, ödevinin teslim tarihinden kısa süre önce amaca yönelik bir şekilde telaşa sokması bizi daha önce şaşırtmış olabilir. Son anlara kadar yaklaşan ödevin zaten onda oldukça endişe oluşturduğunu ama bir etki yaratmayı başaramadığını da söyleyebiliriz. Endişesini, görevini tamamlamazsa olacakları tasarladığında deneyimlediği sıkıntılı bir duyum olarak gördüğümüzde sonuca ulaşırız. Boşa geçirecek zaman varsa, ödevle ilgili keyifsiz ve endişe uyandırıcı başarısız olma düşüncesi, yarattığı endişe ile beraber işi daha sonra yapma kararı ile uzaklaştırılır, ve daha sonra zihinden süpürülür (gerçekten düşünce ve endişenin her ikisi de ortamdan anında yok olur). Ancak kaybedecek zaman kalmadığında bu manevra işe yaramaz olur. Çok yüksek seviyede olan endişesini giderebilecek tek şey, ödevini fiziksel olarak yapmak olacaktır.[13]

Gözlemlenmesi ilginç başka bir gerçekse; kişinin gelecekteki olay-

[12] Bu durum, davranışçı ekolün öğrenme, pekiştirme ve uyaran - yanıt odaklı yaklaşımına karşıttır. Ancak davranışçıların ulaştığı büyük başarılar ve bulgularının genellenebilirliği (olumlu olan her şeyi pekiştirme ve olumsuz olan her şeyi cezalandırma şeklinde sınıflandırarak) tam olarak haz ve sıkıntı arasındaki temel ikili biyolojik ayrım ile bunun davranışçıların hiç bir şekilde tanımadığı bir şey olan hazsal bilinçdışı üzerindeki etkileri nedeniyledir

[13] Kredi kartını son ödeme tarihine kadar yatırmayı göz ardı eden kişi, bu tür bir etkiin görüldüğü benzer bir erteleme örneğidir. Bu kişi, faturayı önceden ödememek için gereksiz, aynı miktarda çabayı gerektiren bir nötral eylemden daha büyük bir direnç gösterecektir. Faturayı ödememe düşüncesi endişe uyandırdığından, kişi faturayı ödeyerek bu hoşnutsuzluğu gidermek yerine o düşünceden kaçınır. Çünkü keyif vermemektedir (Bu durum tabii ki, fiziksel olarak ödeme görevinden daha kolaydır.) Aynı şey park ücreti fişlerini ödemek için de geçerlidir.

larla ilgili duygusal tepkilerinin, gerçekte onlarla ilgili beklentilerine nasıl yakından ve ayrılmaz şekilde bağlı olduğudur: Örneğin, erteleyen kişi ne kadar denerse denesin (bilinci etkileyen maddelerin yokluğunda) ödevini yaptığına veya aslında hiç ödevi olmadığına ilişkin kendini kandırmayı veya ikna etmeyi asla başaramayacaktır. Aynı şekilde, belirgin sonuçları olmayacağını öngörerek kendine başka bir teslim tarihi koymaya çalışan bir kişi, gerçek bir teslim tarihi ve sonuçlarıyla karşılaştığındaki yaşadığı endişe karşısında oldukça güçsüz kalacaktır. Gerçekten pek çoğumuz dışsal bir teslim tarihi olmayan, sadece kendimize hesap vermemiz gereken, irademizle ilgili durumlarda bu sorunla karşılaşırız.

Dikkat ve Hazsal Bilinçdışı

Bu açıklamaya son vermeden ele almak istediğim çoklu görevler ile ilgili bir başka konu var. Her bir etkinliğe yeterli dikkati verebildikleri sürece, insanlar başarıyla çoklu etkinliklere de girişebilirler.

Bu durum kritik öneme sahip bir psikolojik etmendir, ama bundan burada kısaca bahsedeceğim. Dikkat kapasitemizin sınırlı ve sonlu olduğunun bir gerçek olduğunu biliyoruz. Dikkatimizin miktarı gün boyunca farklılıklar gösterir ve bazı etkinlikler diğerlerinden daha fazla dikkat gerektirir.[14]

Dikkatimiz iki işlev için kullanırız: Algı ve harekete geçme. Gerçekten de algılarımızın tek seferde alabileceği bilgi miktarı kısıtlıdır. Karşılaştığımız uyaranları sınırlı miktarda kavrayabiliriz. Ayrıca kavrayabildiklerimiz sadece dış dünyadan gelen uyaranlar değil; bilinçli düşüncelerimiz, hayal gücümüz ve aynı zamanda bilinçdışı düşüncelerimiz, çağrışımlarımız ve varsanılarımızdır. Bunların hepsini aynı algılama s istemiyle deneyimleriz.[15] Ve tüm bunlar sı-

14 Örneğin, yorgunluk veya ağır bir yemek yemek dikkat kapasitemizi belirgin bir şekilde düşürür.

15 Aslında onları görürüz, duyarız ve halüsinasyon (varsanı) durumunda da bazen hisseder, tadını alır ve koklarız.

nırlı miktardaki dikkati kendilerine çekebilmek için yarışırlar. Aynı anda iki konuşmayı dinleyip, her ikisini de anlayamayız. Eğer bir kitap okursak, aynı zamanda bir konuşma sürdüremeyiz veya başka bir şey düşünemeyiz. Eğer satranç oynarken TV izlersek, oyun sırasındaki analitik düşüncemiz zarar görecektir. Aynı şekilde, müzik dinliyorsak çok zor bir matematik problemini çözemeyiz. Dış dünyanın etkisinin içine alındığımızda düşünemeyiz; tersi de geçerlidir. Rüya sırasında bilinçli düşünmemiz olanaksızdır; varsanısal bir yaşantı içinde olan şizofren de gerçek dünyayı tam olarak göremez veya bilinçli düşüncesi üzerinde kontrol sağlayamaz.

Ancak, gönüllü hareketlerimizde de belirli bir oranda dikkate ihtiyaç vardır. Bedeninin bir yerindeki duyumu hissederken olduğu gibi, bedendeki bir kısmı hareket ettirmek için de dikkat gerekir. Aslında ikisi birbirinden ayrılamaz: Ne zaman bedenimizin bir kısmında duyu kaybına uğrasak (her ne şekilde olursa), o kısmı hareket de ettiremediğimizi fark ederiz.[16]

Spor yapanlarımızın çoğu karmaşık bir düşünceye kapılınca daha kötü oynadığımızı ve daha yavaş tepki verdiğimizi deneyimlemiştir - dikkatimiz başka bir yerde olduğundan. Veya yürürken dikkatimizi başka bir şeyi izlemek için kullanırsak düşebiliriz.

Dünyayı gözlemlemeyi ve varsanı görmeyi pasif algılama olarak görebiliriz. Bilinçli düşünmenin ise kesinlikle istemli ve kasıtlı bir parçası vardır. Ve elbette, duyulan sesler ve görünen imajlar aracılığı ile algılarımız üzerine binen içerik büyük miktarda olmasa bile, bilinçli düşünmek ve akıl yürütmek oldukça dikkat gerektirir.

Dikkat konusunu ele almamın nedeni, hazsal bilinçdışının keyfi arttırmak ve keyifsizliği azaltmak amacı için dikkat üzerinde kontrol uy-

[16] Belki günün birinde istekle yapılan hareket ve etkinliğin, evrimsel tarihte algı dışı olarak farklılaştığı ve sinir sistemimiz ele alındığında artık sadece özel bir algı şekli olduğu keşfedilecek.

guluyor olmasıdır. Dikkatimizi bize keyif verip, keyifsizliği azaltan düşünceler, hareketler, çağrışımlar ve hayaller için zorlayıcı bir şekilde ele geçirir.

Son olarak, dikkatimizin tamamını kullanmak için güçlü bir ihtiyaca gereksinim duyarız. Ve dikkat kapasitemizin tamamını kullanmadığımızda kendimizi sıkıntılı hissederiz.

Durum böyle olduğunda, kullanmadığımız dikkatimizi başka bir alana vermek için çıkışlar ararız. Kendimizden zayıf bir rakiple satranç oynuyorsak, bu aktiviteyi TV izleyerek, müzik dinleyerek veya eş zamanlı başka bir satranç oyunu oynayarak tamamlamaya çalışırız. Sıklıkla bu durum elinde bir şeyle çevirmekle veya odayı turlamak gibi bilinçdışı hareketlerle kendini gösterir. Eğer böyle bir hareket, keyfi arttırıp keyifsizliği azaltıyorsa çok daha iyidir. [17]

Dikkat ve İrade

Dikkat ve irade arasında ilginç bir etkileşim bulunur. Keyif ve keyifsizlik hisleri eş zamanlı olarak dikkati yönlendirir ve fiziksel duyular oldukları için anlaşabilmeleri için dikkat gerekir. Tüm uyaranlarda olduğu gibi, kişi bir şeye daha fazla ilgi gösterdikçe, onu daha kolay bir şekilde kavrar. Tabii ki bu hazsal bilinçdışının fonksiyonlarıyla tam uyumludur. Zira, bir uyaranın, kişi tarafından algılanabilmesi için (acı ya da keyif veren) kişinin bilişini etkilemesi gerekir. Bir duyu ne kadar yoğunsa, kişi ona daha fazla dikkat yöneltir.

Buradaki ilginç ayrıntı, insanların dikkatlerini yönelttikleri yönde bilinçli bir kontrol sağlayabilmeleridir. Bu yetenek ve kişinin bunu kullanmaya yatkınlığı genellikle irade olarak adlandırılıyor. İrade, çoğunlukla hazsal bilinçdışı ile zorlu bir yarıştadır ve genellikle kaybeden taraf olur. Kişi kendisine keyif getirmeyen veya keyifsizliğini

[17] Bir kişinin elindeki bir şeyi bilinçsizce kırması veya yırtması onu rahatlatabilir. Eşyaları düzeltip, organize etmek sıkıntıya yardımcı olur veya kişinin kendi cildini, saçını çekiştirmesi onu rahatlatır, endişeyi giderir ve gerginliği azaltır.

azaltmayan düşüncelere veya olaylara dikkatini vermeyi çok zor bulacaktır. Eğer dikkatini yöneltebilirse de, genellikle bunu uzun süre devam ettiremez.[18]

Bir kişinin, düşüncelerde ve dış olaylarda çoğunlukla hazsal bilinçdışının etkisinde olarak, neye dikkatini yönelteceği konusundaki bilinçli seçim yapabilme yeteneği, başka bir şekilde dolaylı olarak hazsal bilinçdışını bastırmak için kullanılabilir. Kişi, bilinçli olarak dikkatini hissettiklerine yöneltebilir ve (en azından bir noktaya kadar) keyif ve keyifsizliğin boyutunu yönetebilir.[19] Bu durum, çoklu sıkıntılar yaşayan kişiye, karşı konulmaz bir şekilde en ağır olanına odaklanmaktansa, bilinçli olarak sırayla önce hangisini ele alacağını seçebilmesine izin verir.

Bunu hesaba katarak, irade, dikkat ve hazsal bilinçdışının detaylarını inceleyeceğimiz bir sonraki bölüme ilerleyelim.

[18] Ancak bazen (hazsal bilinçdışının zorlantıları geçici olarak tatmin olduğunda) bunu yapabildiği zamanlar olur. Buna daha sonra değineceğim.

[19] Kişi, genellikle bir hisse daha çok dikkat verdikçe, oraya daha fazla yoğunlaşır: Bir kaşıntı veya ağrıya daha fazla ilgi yöneltmek onun daha fazla, daha yoğun kaşındığını veya ağrıdığını hissettirir. Dikkatini vücudunun o bölümünden çekerse, kaşıntı veya ağrı kısmen azalacaktır. Bu durum hipnoz sırasında acı yönetimi ile de ilgilidir.

4 Hazsal Bilinçdışı Nasıl Çalışır?

Bu kitaba, kişilerin kendi muhakeme ve iradelerine karşıt davranan beş insanın tuhaf davranış örnekleriyle başladık. Bunun gibi ve benzer davranışlar aslında kabaca bağımlılık, erteleme ve tembellik kategorilerine girer: Her bir örnekte ya kişiler baskı altındaydı ya da istedikleri eylemli sürdüremiyordu veya aslında istemediği bir alışkanlığı bırakmakta güçlük çekiyorlardı.

Ardından, aslında kişinin daha olumlu amaçları olmasına rağmen kişiyi bu durumlara yönlendiren farklı faktörleri değerlendirdik. Bu durumun süre giden davranış, o davranışın sonuçları ve onu başlatmak veya bitirmek için gerekli eylemler arasında ilgili psikolojik çatışmalara bağlı olduğunu bulduk. Bu çatışmanın bazen endişe duygusundan etkilenebileceğini gördük. Bunların yanında psikolojik güçlerin birbiriyle zıtlaşması ve ortaya çıkan çatışmanın tarafları olarak birbirlerini durdurması nedeniyle çoğunlukta zarar etmiştik.

Artık psikolojik güçlerin en temel seviyede neler olduğunu biliyoruz: haz ve sıkıntı. Bu yeni bilgi ile kitabın başlangıcındaki ve benzeri sayısız zararlı davranışı anlayıp, düzeltebiliyoruz. Bu durumun çözüm anahtarı, kişinin mantığa başvurması veya iradesine uyması değil, hazsal bilinçdışının derinindeki fonksiyonlarına uyum göstermesidir.[20]

[20] Biliyoruz ki, bu iki yöntem hazsal bilinçdışına dokunmadıkça işe yaramıyorlar.

Ancak bu konularda ilerlemeden önce, hazsal bilinçdışının nasıl işlediğine dair bir daha detaylı bir inceleme yapıp, yeniden yönlendirip kontrol ederek faydalanacağımız bütün psikolojik silahlarımızı yanımıza alalım.

Sıkıntı Motivasyonuna Karşı Haz Motivasyonunu

Sıkıntıyı azaltma motivasyonu ile yapılan eylemler ile hazzı arttırma motivasyonu ile yapılan eylemler arasında temel bir fark vardır. Sıkıntı belirli bir etkinlik sürecine yol açar: sıkıntıdan kurtulmak veya kısmen rahatlatmak. Haz ise farklı kaynaklardan elde edilebilir.

Kişinin sıkıntısından kurtulması için yapabileceği birden çok şey olabilir. Örneğin; açlık en iyi yemek yiyerek giderilir, üşümek ısınarak, yorgunluk uyuyarak, kas tutulması esneterek, kaşıntı kaşıyarak, tuvalete çıkma hissi idrar yaparak, fiziksel acı ise sebep olan ne varsa ortadan kaldırarak vb. Bu durum duygular için de geçerlidir: üzgün kişi mutluluk, öfkeli kişi intikam, endişeli kişi endişeyi tetikleyen durumdan kaçmak vb. isteyecektir. Kişinin dikkati güçlü bir şekilde o hareketi gerçekleştirmeye ve o konuda nasıl ilerleyeceğine yönelecektir. Aç olan kişi, kendisini yemek düşünürken ve yemek ararken bulacaktır, yorgun olan bir kişi uyumak isteyecektir, şehvetli biri cinsellik arayacak;,öfkeli biri ise intikam almayı düşünecektir.[21]

Hazzı arttırmak ise başka bir konudur. Bu gereksinim, haz arttırılarak çeşitli oranlarda rahatlatılabilir. Örneğin, gazete okuyarak hafif, müzik dinleyerek orta veya cinsel ilişki ile yüksek seviyede. Keyif açısından nötr durumdaki (sıkılmış) biri, az zevk verse bile bu etkinliklere eğilim duyacaktır. Sonuçta seçeceği şey, başlangıçta ne kadar çaba gerektireceği ve ondan ne sonuçlar beklediği gibi haz etkenlerine bağlıdır. Kişinin önünde belirli oranlarda haz veren etkin-

[21] Bazı zamanlarda kişi sıkıntısını gidermek için yapması gereken davranışları bilmez. Özellikle sıkıntının kaynağı karmaşıksa. Örnek olarak, depresif veya endişeli bir kişi duygularının nedenlerini çoğunlukla bilmez. Buna rağmen dikkati sürekli sıkıntısına kayar ve akılcı bir eylem planı veya çözüm arayışındadır.

liklerin olduğu bir senaryoda, kişinin iradesi ve gerekçeleri davranışlarını büyük bir oranda etkiler.

Buradan çıkarılacak ana fikir, kontrol etmeye çalıştığımız davranışın sıkıntının giderilmesiyle mi ya da haz almakla mı motive olduğunun farkına varmamızdır. Örneğin, sigara içmek veya mastürbasyon yapmak gibi davranışların her biri ayrı ayrı veya birlikte kişiyi farklı zamanlarda motive eder. Bu dikkat edilmesi gereken önemli bir farktır, çünkü her birini ele almak farklı bir yöntem gerektirir.

Farklı Kaynaklardan Haz Sağlamak

Sorulması gereken önemli bir soru: Ne kadar kontrollüyüz? Her zaman olmasa da genellikle birçok kişi düşünceleri ve hareketleri üzerinde tam olarak kontrolleri olduğunu hisseder. Kendilerinin ve kaderlerinin yöneticisidirler. Peki bu bir yanılsama mıdır?

Büyük oranda, evet. Hazsal bilinçdışı, son derece belirsizdir. Onu kendinde fark edip, ortaya çıkartmak ise oldukça zordur. Bilincimizde o kadar iyi saklanmıştır ki, üzerimizdeki tüm etkilerini ve zihnimizdeki egemenliğini hafife alırız. Hiçbir açıklamaya gerek duymaz ve dolaylı bir şekilde ortaya çıkar.[22] Tüm bu süreç sırasında bilinçdışı sistem sürekli tatmin edilmeyi ister: Her zaman oradadır. Sadece duygular gibi kısa patlamalar şeklinde değil, yaşa-mımızda her zaman olan bir güç gibi.

Yine de insanlar dikkat ettikleri şeyler üzerinde bilinçli olarak kontrol kurabilirler. Ancak bu durum, hazsal bilinçdışı ile şiddetli bir mücadele içindedir. Bize keyif vermeyen veya keyfimizi düşüren bir şeye odaklanmak çok zordur. Kontrolde hissettiğimiz çoğu zaman bile aynı zamanda hazsal bilinçdışının etkisini kabul ederiz.

[22] Kişi, genellikle bilişini yönlendiren duygunun rolünü fark etmediği zaman, bilinçdışı aniden belirir ve kişi bir şeyden neden kaçındığını, neden yumruk attığını veya neden bir köşeye çekildiğini hakkında akıl yürütemez; ama bunları yapmak istediğini bilmektedir ve herhangi bir akla uygunlaştırmayı kolayca kullanabilir. Kişinin tüm bu is-teklerinden sorumlu olan ve aslında temeli olan kısmını tanıması oldukça zordur: Hazsal bilinçdışı.

Bize acı veren bir anıyı hatırlamaya çalışırken veya hiç zevk vermeyen sıkıcı bir kitabı okurken, her fırsatta aklımıza daha keyifli bir şeyle ilgili çağrışımlar gelecektir. Bunları aklımızdan uzaklaştırmaya çalışırsak da ilgimizi daha keyifli bir şey çekene kadar uzun süre dayanamayız.

Ancak, dikkatimizi (ya da en azından bir kısmını) sıkıcı veya nötr bir olaya vermemiz de sık rastlanan bir şeydir. Sonuçta dikkatimizin tek bir şeye yönelmesi gerekli değildir; çoklu düşüncelere, aktivitelere ve algılara bölünebilir. Hazsal bilinçdışı, eğer o an herhangi bir sıkıntı deneyimlenmiyorsa, sadece hazda artış ister ve bu, dikkatimizin sadece bir bölümü ile sağlanabilir.

Hazsal bilinçdışının tatmin edilmesi aslında zor değildir. İnsan zihni, eğer o sırada haz aldığı bir şey yoksa, bu hazzı bulmaya çalışır, ve genelde küçük bir miktarla ya da küçük bir artışla tatmin olur. Kişi, dikkatinin sadece küçük bir kısmını bunu yapmaya ayırarak kotasını karşılayabilir. Keyif almanın birçok yolu vardır: Hoş bir koku, güzel bir sanat eserine bakmak, müzik dinlemek, serin bir meltemden veya sıcak duştan keyif almak, lezzetli bir yemek yemek, madde kullanmak, karışık bir iş yapmak, oyun oynamak, egzersiz yapmak, ilginç bir kitap okumak, hoş bir duygu deneyimlemek, ilgi çekici bir düşüncede olmak, fanteziye dalmak, komedi dinlemek, arkadaşlarla birlikte olmak ve bunun gibi birçok örnek. Bunların bazıları doğal olarak diğerlerinden daha fazla dikkat gerektirir ve bazıları da doğal olarak daha fazla keyif sağlar. Ve elbette bu iki durum arasında mükemmel bir örtüşme bulunmaz.

Dikkatimizin bir kısmıyla keyif aldığımızda geriye kalan kısımla kendi seçimimiz olan bir düşünceye ya da bir işe odaklanmak için özgürüzdür. Sonuçta müzik dinlerken (veya sarhoşken) ev işlerini yapmak, bisiklete binerken veya yüzerken nötr şeyler düşünmek veya yazı yazarken güzel bir kahve içmek keyifsiz aktiviteler değildir. Böyle zamanlarda, keyfi deneyimlerken dikkatimizi de çok az bir oranda veya hiç kaybetmediğimizde büyük başarılar elde edebiliriz.

Haz Görecelidir

Hazsal bilinçdışının sadece haz aramadığını, hazzı arttırmaya çalıştığını hatırlamak önemlidir. Bunun kişinin belirgin eylemlerinde çok ilginç etkileri olur. Eğer kişi küçük bir keyif deneyimliyorsa - örneğin, keyifsiz bir ödev yaparken şarkı dinliyorsa - bu aktivitesini daha keyifli bir şey için değiştirmeyecektir. Örneğin, ödevini yaparken kullandığı zihinsel becerilerini çok daha fazla keyif alacağı bilgisayar oyunu için kullanabilecekken, bunu yapmaz.

Bunun nedeni kısmen dikkatin çoğunu ödev yaparken şarkı dinlemek ikili etkinliğine verdiği içindir. Daha keyifli aktivitelere ayıracak dikkati yoktur. Katkıda bulunan bir başka faktörse, bilgisayar oyunundan alacağı daha yüksek haz, o sırada aldığı hazdan belirgin derecede güçlü değildir ve bu nedenle kişinin etkinliğini değiştirmesine gücü yetmez. Eldeki bir kuş, daldaki iki taneden daha iyidir. Ancak kişinin dikkati bir nedenden dolayı ödevden dağılırsa (telefon gelir) veya tüm süreç keyifsiz hale gelirse (müzikten, ödevden veya her ikisinden de sıkılırsa), daha zevkli bir etkinliğe geçmeye zorunda hissedecektir ve sıklıkla bu zorlantıya yenilir.

Kişi çok zevkli bir etkinlikten (bilgisayar oyunu gibi) daha az zevkli bir etkinliğe geçmeye kalkıştığında (ödev yaparken müzik dinlemek gibi) hala nesnel olarak haz alsa da, tamamen zıt bir etki ortaya çıkar. Bu, hazda bir azalma oluşturur ve bilinçdışı hazzın çalışma yöntemleri kişiyi böyle bir değişikliğe son derece gönülsüz kılar. Daha küçük bir haz için büyüğünden vazgeçmeyi zor bulacaktır. Ve bu geçiş çoğunlukla bu iki etkinlik arasında sıkıntılı bir aralık olursa başarılıdır.

Bu nedenle büyük ve küçük hazlardan bahsedebiliriz. Ve yine bu nedenle yaşamı yüksek başarılar ve zaferlerle dolu olan bir insan için bilgisayar oyunu oynamak, sarhoş olmak, mastürbasyon yapmak gibi aktiviteler ona haz almak için çekici gelmez.

Etkinliklerdeki Haz

Bir etkinliği keyifli olarak nitelendirirken, o etkinlik sırasında ortaya çıkan tüm küçük ayrıntıları özetlediğimizin farkında olmak önemlidir. Bu niteleme, çoğu etkinlikteki genellikle hızlı bir şekilde gerçekleşen iniş çıkışların, yani haz veren ve vermeyen deneyimlerin bir ortalamasıdır.

Çoğu etkinliği haz verici kılan etkenlerden biri, kişinin dikkatini çok veya bazen tamamen çekmesidir. Ve bu, daha önce bahsettiğimiz gibi insan zihninin bilinçdışı tarafından yürütülen anlamlı bir eylemidir. Bir oyun oynamak (örneğin, satranç) veya bir şey kurmak (mesela bir masa) veya bir resim yapmak, yazı yazmak, web sitesi programlamak, çorba yapmak gibi etkinliklerin ortak özelliği kişinin kendini etkinliğe tamamen vermesi ve sıklıkla zihinsel etkinliğin tetiklenmesidir. Yönlendirilmiş düşüncenin çok miktarda dikkat gerektirdiğini tabii ki biliyoruz.

Böyle aktivitelerde kişi sürekli olarak durumun daha sonra ne gerektireceği düşünür. Büyük bir problemi küçük parçalarla bölmek ve her parçayla nasıl başa çıkacağını düşünmek, ardından fiziksel olarak gerekli hareketleri yerine getirmek ve sonuçta bir sonraki engele doğru ilerlemek. Bu süreç her zaman çok keyifli olmasa da, her bir küçük adım atıldığında, zor olsa da, mutluluk duygusu, tatmin, başarı ve kuşkusuz haz hissedilecektir.[23]

Ayrıca kişi hedefine ulaşmak ve başarıyla sonlandırmaktan dolayı beklenen rahatlama ve heyecanı hisseder. Bu da haz vericidir ve kişiyi devam etmesi için motive eder.

23 Mutluluk duygusu, kişinin haz almasının veya bir sıkıntıdan kurtulmasının kendi çabasıyla olduğunu anladığında otomatik olarak tetiklenir: İyilik durumundan sorumlu etkin bir elemandır.

Bir etkinliğe katılımdaki ilginç bir detay, kişinin aldığı hazzın büyük ölçüde etkinliğe "kendini verme" yeteneğine bağlı olmasıdır. Ve bu, sırayla, etkinliğe ayırabileceği dikkat miktarına bağlıdır. Bu nedenle, bir kişinin dikkat kapasitesi gün boyunca çok yorulması veya çok yemek yemesi gibi nedenlerle doğal olarak azaldığında ya da dikkati daha fazla haz veya sıkıntı veren başka bir şeye kayarsa, onun için haz verici etkinlik belirgin bir şekilde sıkıntı verici hale gelir.

Bu durum kısmen kişinin etkinlikte gerekli adımların atamamasına bağlıdır çünkü zorluğun üstesinden gelmek için yeterli dikkati kalmamıştır. Bu onu güç kaynağından yoksun bırakır: başarılı olduğunda gelen mutluluk duygusu. Ve bir sonraki adım ise bilinçli olarak ne yapması gerektiğini bilememesi veya bu adımların doğru adımlar olup olmaması ile ilgilidir. Hedeflenen rahatlama ve başarıyla gelen heyecana zıt olarak, işin nasıl sonuçlanacağı hakkında belirsizlik ve korku hatta endişe yaşanır.[24]

Bir etkinlik içinde haz verebilecek her şey fazlasıyla, özellikle bilgisayarda oynananlar olmak üzere tüm oyunlarda yer alır. Bilgisayar oyununun her bölümü yenidir, heyecan ve sürpriz doludur ve oyuncu oyunu kazanmak için finale kadar sürekli küçük hedeflere ulaşmak ve engelleri aşmak zorundadır. Oyunda ilerlemek için istek duyar, çünkü oyun ona heyecan, gelecekteki eğlencenin beklentisini ve bir sonra ne olacağıyla ilgili merak yaşatır.[25]

Pek çok oyun ilerlemek için çok fazla bilinçli katılım gerektirmediğinden, kişi yorulduğunda veya dikkati dağıldığında yine de haz almaya devam eder (biraz daha az olsa bile).

Bilgisayar oyunlarının yüksek seviyedeki bağımlılık yapıcılığı, bu haz veren faktörler in mükemmel fırtınası nedeniyledir. İlginç bir

[24] Ve bu genellikle, haz almadığı için kişinin ilgisini işten daha da geri çekmesine yol açar: Olumlu geri bildirim döngüsü.

[25] Oyun oynayan kişi genellikle oyundaki bir karakterle kendini özdeşleşir. Ekrandaki bir karakteri kontrol etmekten daha çok, heyecanlı bir aksiyon ve macera dünyasında yaşamaktadır. Bu da kuşkusuz çok keyifli olduğu kadar ve bağımlılık yaratıcıdır.

şekilde, kişi oyunu tamamladığında veya ondan ne beklendiğini bildiğinde, haz verici etkilerinin çoğu son bulur.

Haz Verici Duyular

Olumlu duygular, haz veren farklı kaynaklardır. Motivasyonel noktadan bakıldığında onları bu kadar benzersiz ve ilgi çekici kılan, sürekli olmalarıdır. Olumsuz olanlarla kıyaslandıklarında aslında çok da fazla olumlu duygu yoktur; mutluluk, heyecan, sevgi/aşk.

Elde edilen büyük bir başarıdan sonra mutluluk duygusu saatler, hatta günler boyunca devam eden bir haz duygusu verir. Kişi, hazsal bilinçdışının zaten tatmin olmuş olan zorundalıkları olmadan dikkatini neye isterse ona verme özgürlüğü hisseder. Ayrıca, bu duygular başka herhangi bir kaynaktan elde edilenden daha büyük bir haz verme kapasitesine sahiptir. Gerçekten de, bu duygular insanın yaşayabileceği en yüksek zirveleri sağlar.

Maddelerin de benzer bir etkisi olabilir, ancak birçok maddenin bağımsız haz sağlamasının yanı sıra dikkat ve biliş üzerinde tüketici bir etkisi vardır.

Sosyal Faktör

Dikkatli bir okuyucunun fark edebileceği gibi, kitapta kişilerarası etkileşimden hiç bahsetmedim. Başlangıçtaki beş örneğin tamamındaki kişiler izoledirler ve problemleriyle yalnız olarak baş etmektedirler. Bunun için çok iyi bir neden var.

Gerçek şu ki, hazsal bilinçdışını sürekli iktirip çekmelerini bilincimizden gizlemekteki en büyük rolü, diğer insanların deneyim ve motivasyonumuz üzerine etkisi yani sosyal etkenler oynar. Çünkü kişilerarası etkileşimler duygu, haz ve sıkıntılarla doludur; ve bunların etkisini çoğumuz hafife alırız. Genellikle sosyal durumlarda her zaman bir şekilde karmaşık bir motivasyon vardır; diğer insanları güldürmeye çalışabiliriz veya onlar bizi güldürmeye çalışabilir. Diğer insanlarla sohbete girmek için birçok fırsat bulunabilir. Bazı insanları hayal kırıklığına uğratma veya eleştirme konusunda endişe duyabiliriz. Birine karşı cinsel çekimimiz doğrultusunda harekete geçebiliriz veya en azından bunu planlayabiliriz. Kendimizi hayır diyemediğimiz bir bir grup etkinliğine katılırken bulabiliriz. Ve genel olarak, sosyal etkileşim süreci, dahil olunan ve heyecan verici bir etkinliğin pek çok yönünü barındırır.

Çoğu insan yaşamlarının büyük bir kısmında sürekli olarak böyle durumlarda kaldığı için, neredeyse her zaman kendilerinin mantıklı ve duruma uygun hareket ettikleri şeklinde düşünürler. Çünkü sosyal durumlardan gelen motivasyon bol, güçlü ve karmaşıktır (sonuçta insanlar sosyal hayvanlardır) ve kişide davranışlarının altındaki en temel psikolojik faktörleri değerlendirebilmesi için fazla akıl bırakmaz. Ayrıca, insanlar olaylar sırasında iç gözlem yapabilmek için yeterince donanımlı değildirler.

Genellikle, kişi sosyal etkenlerin çoğu veya tamamından arınmış halde bulduğunda, kendinde daha önce önemli kabul ettiği şeylerle ilgili büyük bir motivasyon eksikliğini keşfeder. Diğer insanların ondan istedikleriyle ilgili şeyleri karşılama endişesi (işinde, okulda, ya da aile çevresinde) veya başkasının ona karşı yaptığı övgünün heyecanı (başarılarıyla ilgili övünme ve erdemli işleriyle ilgili hikayeler anlatma) ya da yalnızca kişilerarası ilişkilerin sağlayabileceği diğer haz ve tatminler olmadan, kişi haz alma arayışının hakimiyeti altına girer ve hızlıca mevcut olan en düşük ve kolay hazlara yönelir.

Bu şekilde kendi eğilimlerine ve hazsal bilinçdışının karşı koyulamaz merhametine bırakılmış bir kişi, ta ki kendinden tiksinme veya başka bir etken onu bu durumdan çekip çıkarana kadar, bir süreliğine tükenecektir. Böyle bir duruma saplanmış çoğu kişi, bana da olduğunu belirttiğim gibi, gerçekten kendilerini yerler (tabii ki mecazi olarak kastediyorum).

5 Motivasyonun Zihinsel Çerçevesi

Şimdiye kadar, hazsal bilinçdışının çeşitleri ve insan davranışlarında kendini göstermesinin yolları hakkında bilgi sahibi olduk. Bu sistemin nasıl işlediğini anlarken, onu bilincimizin lehine kontrol etmek için yöntemler geliştirmeye devam edebiliriz. Bununla birlikte, öncelikle, tüm bu motivasyonel çatışmaların yer aldığı insan zihnindeki psikolojik çerçeveyi incelemek son derece yararlı olacaktır.

Beklenen Aktivitenin Üç Kısmı

Sonunda araştırmamızın dizginlerini ele alma zamanı geldi. İleriye dönük bir görevi üç parçaya ayırdık: başlatmak için gerekli eylemler, görev sürecinin kendisi ve sonuçları. Bunlar, tanımladığımız işi kolaylaştırmak için keyfi olarak seçtiğimiz kategoriler değil, insan zihninin ortaya çıkardığı gerçek psikolojik katmanlaşmalardır. İnsan zihninde, her konu kendine özgü bir şekilde ele alınır ve genellikle kişiyi haz veya sıkıntı aracılığı ile etkiler. Şimdi, bu zihinsel sürecin nasıl ortaya çıktığını açıklamak istiyorum.

Kişi bunu aklına getirdiğinde, ileriye dönük görevin üç ayrı bölümü haz ve sıkıntıya etki eder. Bu beklenen ya da sadece hayal edilen gelecek etkinlikler veya senaryolar kişiye o an gerçek olarak gelir ve bu durum onlara şimdiki zamanda haz veya sıkıntı yaratma becerisini verir.[26]

[26] İnsanın hayal gücünün önemli işlevlerinden biri, kişinin kendi düşüncelerini ve fantezilerini sanki dışsal bir gerçeklikmiş ve sanki kendisi üzerinde fiziksel etkileri varmış gibi algılamasıdır.

Tabii ki tüm haz ve sıkıntı duyguları sadece şimdiki zamanda deneyimlenebilir ve tam da bu nedenle gelecekle ilgili düşünceler (burada ele aldığımız ileriye dönük görevler) kişiyi dışarıdan gelen fiziksel duyuların etkisine benzer şekilde eşit olarak etkiler. Bu şekilde kişinin görevi düşündüğünde hissettiği haz ya da sıkıntı onu devam etmeye veya kaçınmaya zorlar. Bu durum insandaki (ya da bir hayvandaki) temel bilinçdışı süreçle meydana gelir; soğuk bir ortamdan ılık ve güneşli bir ortama geçmek; ancak bunu yaparken yerdeki pisliğe basmamak ya da kendini tehlikeyle atmamak.

Bu sürecin, en azından hazsal bilinçdışının gerekliliklerini tatmin ederek, bize iyi hizmet etmesinin nedeni, ileriye dönük görevden beklediğimiz haz ya da sıkıntının (her yönüyle), o an deneyimlediğimiz haz ya da sıkıntıya karşılık gelmesidir. Çünkü beklentilerimiz bilinçdışı olarak meydana gelir ve benzer yapıdaki geçmiş deneyimlerimize sıkıca bağlıdır (aynı veya benzer etkinliğe giriştiğimizde). Başka bir deyişle, beklentilerimiz gerçeğe sıkıca bağlıdır ya da en azından onunla ilgili yaşantısal bilgimize. Aslında bunun gerçekleşmesi kaçınılmazdır. Daha önce de belirttiğimiz gibi, insanların kendilerini bir olayın sonuçlarının olduğundan kötü olabileceğine inandırmaları (kendi belirlediğimiz teslim tarihleri gibi) fiilen mümkün değildir ve aynı şey hareketin içinde bulunması gereken haz için de geçerlidir. Geleceği, sadece bilgimiz kadar gerçekçi olarak temsil edebiliriz.

Bu tür bilinçdışı bir temsil, eksiklik ve yanlışlıklara yatkındır. Bunun gerçekleştiği bazı yolları tartışacağız. Yinede gelecekteki gerçek deneyimler ile bizim zihinsel beklentilerimiz arasındaki ilişki çok yüksektir ve bir etkinlikle ilgili daha çok deneyimimiz oldukça, bilinçdışımızda o beklentimizi daha gerçekçi bir şekilde yansıtırız. Bir etkinlikle ilgili çok az, hatta hiç deneyimimiz yoksa o zaman durum tamamen farklıdır (sadece kitap bilgisi). Bu durumda, gerçeklikle çok az bağlantılı veya tamamen hayal ürünü olarak yansıtmaya yatkınızdır ve genellikle arka planda büyük endişe yaşarız.[27]

[27] Endişe duygusu,gelecekteki bir senaryo ya da etkinliği tam olarak hayal edemediğimizde, aynı zamanda ondan bir tehlike bekliyorsak içgüdüsel olarak ortaya çıkar.

Her ne kadar insan zihni, bilindışında kişinin çok az deneyimi olduğu ve hatta hiçbir şey bilmediği bir etkinliği yansıtmaya çalışsa da, bu genellikle gerçeğin doğru temsilinden çok uzaktır ve tamamen keyfi olabilir. Şimdi bekleyen bir işin her bir bölümünün genel olarak uyandırdığı belirli etki türlerine bakalım. Farklılıklar olabilse de, kişinin gelecekteki görevinin 3 bölümü ile ilgili duyacağı haz yada sıkıntı aşağıdaki gibidir.

1)İşe Başlamak: İşe başlamakla ilgili olan haz faktörü genellikle ona başlamak için gerekli olan çabadan gelir ve onunla orantılıdır (bundan dolayı iyi bir temsilidir).[28] Sonuç olarak, bu sadece sıkıntı uyandırır, çünkü herhangi bir göreve başlamak belirli bir miktarda çaba gerektirir, ki evrensel olarak bu durum oldukça sıkıntılı olarak tanımlanabilir.

2) İş'in Kendisi: İş ile ilgili haz faktörü genellikle kişinin işle ilgili geçmiş deneyimlerinden oluşur.[29]

Aynı zamanda kişinin halihazırda aldığı haz veya sıkıntıya da büyük ölçüde bağlıdır (hazzın göreceli olduğunu hatırlayacağız).[30]

Genellikle, bu durum, kişinin ilgilendiği etkinlikten alacağı hazza denk gelir. Bununla birlikte, bu temsil bir şekilde doğru olmayabilir, çünkü insanlar bilinçdışı bir eğilimle yakın zamanda yaşadık-

[28] Bu, kişinin işe başlamak için ne yapması gerektiğini bildiğini varsaymaktır. Ancak görev yeniyse, bu yolda yapması gereken işleri büyütebilir ya da küçük görebilir.

[29] Bu durum "Etkinliklerde Haz" bölümünde belirttiğim iniş- çıkışların ortalamasının özeti değildir. O bölümde, etkinliğin gidişatı sırasında kişi işin ortasındayken, deneyimlerin ortalamasını almaktan bahsetmiştim. Bununla birlikte, genellemeler yapabilir ve aktivitenin bir bütün olarak haz verici mi yoksa sıkıntılı mı olduğunu söyleyebiliriz. Bu durumda, iş sadece geleceğe yönelik bir beklentiyse, kişinin zihninde iş hakkında temsili bir haz beklentisi olacaktır. İş' le ilgili haz (heyecan) veya sıkıntı (korku) hissi beklentisi olacaktır.

[30] Bazen idrara çıkma fikri kişi için oldukça haz vericidir (özellikle kişi çok sıkıştığı zaman). Ve bazen bilgisayar oyunu oynama düşüncesi insana sıkıntı verebilir (özellikle kişi daha zevkli ve tatmin edici bir şey yapıyorsa).

ları deneyimleri daha eski olanlara ve sıkıntı verici deneyimleri ise haz veren deneyimlere göre daha fazla ön plana alırlar. Kişinin aktiviteyle ilgili birinci elden hiçbir deneyimi yoksa ve beklentisini sahip olduğu veya olmadığı kıt bilgisine dayandırıyorsa gerçekten çok uzaklaşılır. Böyle durumlara endişenin verdiği sıkıntı eklene bilir.

3)Sonuçlar: Genellikle işin sonucunun haz kısmı duygusaldır. Sonuç beklentisi sıklıkla heyecan ya da endişe duygularını tetikler. Ama aynı zamanda iğrenme, rahatlama beklentisi veya korku hissi uyandırabilir.

Bekleyen bir işin üç boyutu, sıklıkla uyandırdıkları duygularla birlikte aşağıda Şekil 2'de gösterilmiştir.

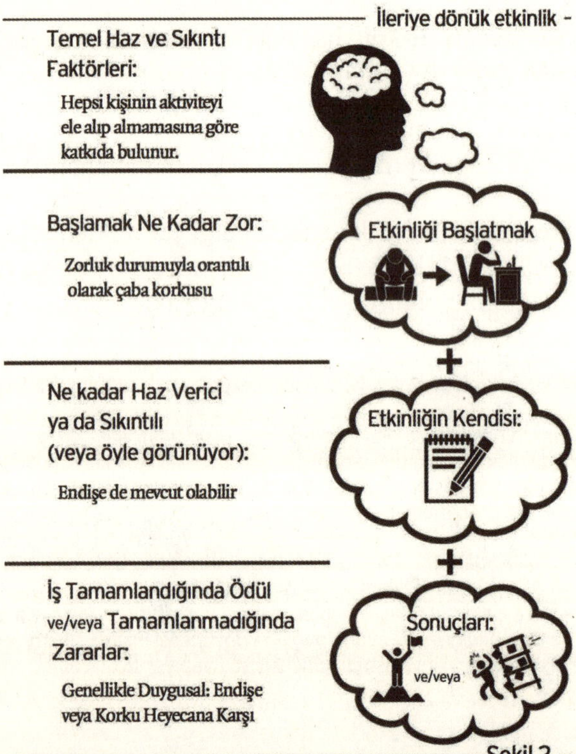

Şekil 2 –

Şekil 2'de, üç boyutlu bir yapıyı sadece iki boyutta anlatmaya çalışıyoruz. Bunlar, kişi harekete geçip geçmeme kararını düşündüğünde zihninde oluşan gerçek bir düşünce sürecinin üç boyutudur ve genellikle bilinçdışı olarak oluşur. Kişi gerçek bir düşünce süreci içindeyken işin bütün yönlerini birden aklına getiremez. Aksine, çok hızlı bir şekilde, bir kaç saniyelik bir zaman diliminde ardı ardına belirirler.

Neredeyse her zaman, kişinin aklına ilk gelen şey ya işin kendisi ya da sonuçlarıdır: İşi başlatmak için ne yapması gerektiği ile ilgili düşünceler daha sonra ortaya çıkar. Ayrıca, kişi bir karara varmadan önce her zaman işin üç yönünü de dikkate almaz. Bazen, sadece etkinlik fikrini (özellikle haz verici bir şeyse) veya sonuçlarını (özellikle zaman açısından sıkıştırıyorlarsa) dikkate alır. Bunlar bile tek başına kişiyi işi üstlenmesi için zorlayacaktır. Aynı zamanda, kişi sonuçta neler olacağını tam olarak bilse bile, bunları hiç göz önünde bulundurmadan bir işe girişmesi de sıra dışı bir durum değildir: Zamanında aklına gelmeyebilirler veya onları düşünmekten kasıtlı olarak kaçınabilir.

Ancak zamanın çok büyük bölümünde işin üç bölümü de kişinin aklına gelir ve her biri kişiyi işi yapmaya ya da kaçınmaya yönelik teşvik eder. Bu özellikle, kişi bir işi üstlenip üstlenmemekte kararsızsa geçerlidir. Daha sonra, bu üç bölüm kişinin aklına sürekli gelebilir ve kişi bu üç bölümü birbirleri arasında sıkıntıyla değerlendirmeyle meşgul hale gelebilir. Örneğin, kişi yetiştirmesi gereken bir işi düşünebilir. Sonra onu yapmanın ne kadar sıkıntılı olacağını düşünür. Sonuçta yine de sonuca değeceğine karar vererek başlatmak için bir çaba sarf etmesi gerektiğini düşünür ve sonuç olarak hiçbir şey yapmaz. Sık sık bu işi hatırlayabilir (yapılmamış olmasının sonuçlarını) ve tekrar tekrar aynı düşünce sürecinden geçebilir ve harekete geçmediği için sürekli olarak aynı sonucu elde edebilir. Diğer zamanlarda, kişi haz verici bir hareketi düşünebilir ve/veya başlangıçta atacağı adımların olumsuz sonuçlarını düşünebilir. Aynı şekilde cesaretini kaybeder ve sonuçta bir kez daha hiç bir şey yapmaz. Bu da, sürekli olarak ortaya çıkan bir düşünce zinciri gibidir ve pek çok durumda eylemsizliğe yol açar.

Devam Etme Motivasyonuna Karşı Yeni Başlama Motivasyonu

Şekil 2'de gelecek bir etkinliğin haz özendiriciliğini gördük ve bunu, yeni bir işin ne kadar çekici hale geleceğini kabaca tahmin etmek için bir model olarak kullanabiliriz. Ancak kişinin işi üstlenip üstlenmeyeceğini bilmek istiyorsak, modelimize başka iki faktör daha eklemeliyiz.[31] Bu, 2. Bölüm'de sözünü ettiğimiz ayrıntıdan kaynaklanmaktadır: Bir aktiviteyi başlatmak aynı zamanda bir diğerini bırakmak demektir.

Kişinin o an yaptığı her şeye, kanepede sıkıntı içinde yatıyor olsa bile etkinlik gözüyle bakabiliriz. Bu bakış yararlıdır çünkü kişinin o işe ne kadar dikkat ayırdığını ve aynı zamanda ne kadar haz duyduğunu ölçmemize izin verir. Bununla birlikte, o anki "etkinlikten" ne kadar haz ya da sıkıntı hissettiğini, bir sonraki etkinlikten elde edeceği haz ile kıyaslayabiliriz. Ve daha da önemlisi, kişinin işi bırakıp bırakmamasında önemli bir motive edici rol oynayan o anki etkinliğini "bırakmasının sonuçlarını" kesin olarak anlamamızı sağlayabilir.

Sürekli erteleyen bir kişi dönem ödevini son dakikada yazmaya çalışırken karşısına ona daha fazla haz veren ama sonuçta sınıfta kalacağı bir etkinliğe atlamaktan bu yolla korunur. Bu durumda endişe, bir gözetmen rolünü oynar. Kişi işi bırakıp başka bir etkinliğe geçmeyi düşündüğü zaman, acı ve şok etkisi yaşatır (eline vurmak gibi). Böylelikle, duyulan endişe, kişiyi sadece işe başlatmakla kalmaz aynı zamanda kişinin işi ortada bırakmasına da engel olur.

[31] Bütün bunları yapabilmek, tabii ki her bir işin ne kadar haz ve sıkıntı uyandıracağını bilmeyi gerektirir. Başkalarıyla uğraşırken bunu belirlemek kolay değildir veya hassas tahminler yapılamaz, ama kendi hislerimiz ve davranışlarımızla başa çıkarken bu oldukça güvenilirdir.

Tabii ki, mevcut aktiviteyi bırakmanın sonucunu yeni bir aktiviteye başlamanın parçası olarak da görebiliriz. Ancak kişinin gerçek düşünce sürecinde bu ikisi arasında psikolojik bir ayrım vardır. Bazen iki sonuç kişinin aklına eş zamanlı olarak gelse de, kişi genelde onları ayrı ayrı düşünür ve onları bilinçdışında iki ayrı varlık olarak konumlandırır. Bu sadece anlam-bilimsel (semantik) bir konu olabilir ama Şekil 3 'teki tanımlama konuyu epeyce yansıtmaktadır.

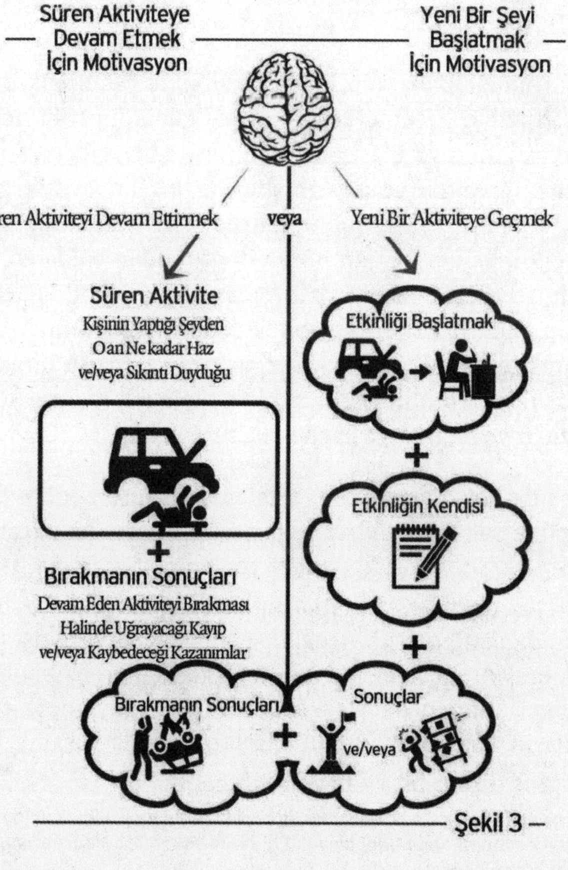

Şekil 3 –

Şekil 3'te de göründüğü gibi, kişinin bir etkinlikten diğer etkinliğe geçme konusundaki öne çıkan davranışı, ilerideki görevin üç bölümünde duyacağı haz vaatlerinin bileşimine bağlıdır; yani mevcut aktiviteden duyduğu haz ve onu bırakmanın hazza dayalı sonuçları.

Bu, bir sonraki bölümde, bilinçdışı hazzı ve dolaylı olarak davranışlarımızı kontrol etmek için kullanabileceğimiz psikolojik araçları araştıracağımız ve inceleyebileceğimiz iyi bir model olacaktır.

İrade Gücünün Rolü

Şimdi bu modele bakarken kitabın kalbinde yatan çok önemli bir soruyu sormadan geçemeyeceğiz: İrade gücünün rolü nedir? Şekil 3'te gösterdiğimiz ve ulaştığımız motive edici güçler, bir insanın karar alma sürecinde iradeye hiçbir yer bırakmayacak gibi görünüyorlar. Kuşkusuz insanoğlu sadece kendi istemi olmayan bir robot değildir ve her zaman hazza doğru giden yolda en az mücadeleli yolu seçmez. Peki, ya sizin yadsınamaz şekilde güçlü bir iradeye sahip olan, hazzı erteleyebilen ve duyulan sıkıntısı karşısında güçlü durabilen tanıdığınız kişiler var mı? Ya alkolü bırakanlar? Ya çilekeşler? Doğru bildiklerini azimle takip eden manevi yönü güçlü olan insanlar ve refah veya hazdan uzak yaşayanlar?

Gerçekten de böyle insanların, ortalama bir insana göre daha fazla irade gücüne sahip oldukları ve hazsal bilinçdışına başarıyla karşı çıkıp, reddebildikleri varsayılmaktadır. Ancak aslında durum tam olarak böyle değildir. İnsanların bazılarının dikkatlerini hazsal bilinçdışından bağımsız bir şekilde yönlendirme becerisi (bunu irade olarak tanıyoruz) ve insanların değişkenliği prensibi olarak bazılarının diğerlerinden daha fazla yeteneği vardır, ancak bu durum bazı kişilerin haz prensibinin yasaları dışında yaşama becerisini geliştirdiğine ilişkin bir kanıt değildir.[32]

[32] İnsan değişkenliği ilkesi hakkında: İnsan biyolojisinin ve psikolojisinin neredeyse ölçülmüş yönlerinin tamamı popülasyona göre değişkenlik göstermiş ve normal da ğılım eğrisine göre dağılmışlardır. Bu, neredeyse tüm insan özelliklerinin (biyolojik,

Bunun yerine, her bir kanıt, insanların hazsal bilinçdışının sürekli olarak üstesinden gelebilme yeteneklerinin bir yanılsama olduğunu öne sürmektedir. Büyük olasılıkla, aslında motivasyona karşı davranma becerilerinde değil, deneyimledikleri motivasyon türleri ve belirli durumlardaki duygularının şiddetleri konusunda farklılık gösterirler. Şunu biliyoruz ki, duydukları endişe nedeniyle genellikle dindar insanlar (en azından vakaların büyük çoğunluğunda) hazsal bilinçdışına dayalı dürtülerini iradeli bir şekilde sınırlarlar. Bu insanlarda dindar olmayan insanlarda olmayan ayrı bir endişe uyandıran etken vardır: Tanrı korkusu. Bir insanın gerçekleşebileceğini düşündüğü sonuçlara karşı endişe hissettiğini ancak gerçekleşmeyeceğini bildiği sonuçlar için de endişeyi aklına getirmediğini zaten öğrendik. Tanrı'nın var olduğuna inanan ya da en azından ihtimaline inanan dindar biri, dininin ahlaki kurallarına uygun olmayan şekillerde davranırken ve hatta sadece bu tarz düşüncelere sahipken fiziksel olarak endişe hisseder. Kendisinin gerçekten Tanrı tarafından izlendiğini ve yargılandığını düşünür. Dinin ahlak kurallarına uygun olmayan davranışları için kendisi sorumludur ve cehennemde lanetlenecektir. Tanrı'nın onu yargılamasından başının üzerinde bir balta vurulacakmış gibi korkmaktadır. Tıpkı, bir insanın işini yetiştirebilmesi için son teslim tarihi onu nasıl motive ediyorsa, endişe de dindar insanları Tanrıdan ceza almamak için dinin ahlak kurallarına uygun olarak

psikolojik ve davranışsal) çoklu-belirlenen (multidetermined) olduğu gerçeğini ortaya çıkarmıştır Şöyle ki, insan özelliklerinin her biri, birlikte hareket eden farklı etkilerin sonucudur. Bir kişilik özelliğine katkıda bulunan birçok etken düşünüldüğünde kişinin sadece onu olumlu (ya da olumsuz) etkileyenleri ele alması pek mümkün değildir. Daha çok, hem yararlı hem de zararlı olanların bir kombinasyonuna sahip olma olasılığı vardır - normal dağılım eğrisi'nde olduğu gibi. İstatistikte bu, Merkezi Limit Teoremi olarak adlandırılır. Farklı değişkenlerden oluşan çok sayıda rastgele örnek aldığımızda (bu değişkenler hiçbir yerde normale yakın dağılmış olmasa bile), bu değişkenler birbirlerinden büyük ölçüde bağımsız oldukları için ortalamaları da normal olarak dağılacaktır. Bu durumun birçok insan özelliğinde, etkileyen diğer faktörlerin doğasını katmadan (genetik, öğrenilenler veya başka bir şey) bu şekilde olduğunu söyleyebiliriz.

davranması konusunda motive eder. Bu kişi hazsal bilinçdışı yasalarından ayrı olarak yaşamaz; ancak bunların üstesinden irade gücüyle gelebilir.

Benzer bir faktör, dindar olmayan birçok insanın görünüşte irade kaynaklı kuralları için de geçerlidir. Öte yandan, kişinin başka bir dünyaya ait herhangi bir korkusu olmasa bile, yaşamında (toplumsal özellikli) çok güçlü motivasyon kaynaklarına sahip olabilir.[33]

Ayrıca insanlar sadece yaşantılarında var olan motivasyon türüyle farklılık göstermekle kalmaz, aynı zamanda onları motive eden duyguların büyüklüğünde de farklılık gösterirler.

Hazsal bilinçdışının sessiz dürtüleriyle değil de, kendi inançları doğrultusunda davranan pek çok güçlü iradeli kişi sadece istedikleri için değil, hareketlerinin sonuçlarına karşı yoğun bir duygulanım hissettikleri için bu şekilde davranırlar. İnançlarımız ve hazsal bilinçdışı arasındaki çatışma, sonuçta, davranışın hazzının çekiciliği ve ve sonuçları arasındaki çatışmadır.[34] İnsan değişkenliği prensibi ile düşünerek bazı insanların bir duyguyu diğerlerinden daha şiddetli bir şekilde hissedebileceğini söyleyebiliriz. Bazısı daha şiddetli öfkelenir, daha ağır bir üzüntü, daha fazla mutluluk, daha fazla yıpratıcı bir endişe yaşar vb. Bu, onların doğuştan bir parçası, genetik olarak belirlenmiş mizaçları olabilir.

Güçlü iradeli olarak varsaydığımız bir kişinin, yararlı sonuçları için sıkıntılı bir etkinliği üstlendiğinde, sonuçların ona ortalama insana

[33] Bunlar olumlu (haz arayıcı) ya da olumsuz (sıkıntıdan kaçınan) şeyler olabilir. Kişi, ebeveyninin övgüsünü ve takdirini kazanma ya da sevgilisinin önünde kendi değerini kanıtlamak, bir topluluk içinde kabul görmek veya herhangi bir şeyden daha yüksek değerde gördüğü bir şeyi başarmak arzusuyla motive olabilir. Aksine kişi ebeveyninden, arkadaşından, öğretmeninden, ya da sevgilisinden göreceği cezadan veya bir gruptan, topluluktan dışlanmaktan, ya da en önemli hedeflerini başaramamaktan çaresizce korkabilir. Bütün bunlar, elbette,dindar insanlar için de geçerli olabilir.

[34] İnançlarına göre hareket eden kişi, uzun vadede kendisi (veya etrafındakiler) için en iyi kabul ettiği şeyi yapar.

getireceğinden daha fazla haz veya heyecan verdiğini varsayamaz mıyız? Ya da, güçlü iradeli bir kişi, keyifli bir etkinlikten olumsuz sonuçları nedeniyle vazgeçerse; bu durum, sonuçlar konusunda ortalama birine göre daha büyük bir endişe veya daha şiddetli bir utanç ve kendinden iğrenme (bu duyguyu sonra ele alacağım) hissetmesi sebebiyle olabilir mi? Veya böyle birisi doğası gereği keyifli etkinliklerden daha az haz ve sıkıntılı etkinliklerden de daha az keyifsizlik duyuyor olabilir. Herhangi bir durumda bunların tümü olasılıktır ve birbirleriyle çelişmedikleri için kişide bir arada bulunabilirler. Belki de yaşamının sadece belirli izole alanlarında güçlü iradeli olan kişilerle karşılaştırıldığında, bu faktörlerin tümünün ya da birçoğunun bulunduğu kişiyi güçlü iradeli olarak sayabiliriz.

Tabii ki bu durumlar, hazsal bilinçdışının zorunluluklarına mutlak irade ile karşı gelmeye eğilimli kişiler için daha fazla geçerlidir. Ancak, kişinin dikkatini bilinçli olarak yönlendirme kapasitesinin büyüklüğü, bu tür güçlü iradeli inançlara alçak gönüllü bir bir katkıda bile bulunmuyor olabilir. Genellikle bulunur. Ancak, tek belirleyici olma ve hazsal bilinçdışının en temel ve arkaik psikolojik işlevlerine karşı çıkma becerisinde değildir.

İrade gücü gibi, kişinin karar almasında etkili olan, seçme özgürlüğünün olduğu ve en çok hazsal bilinçdışı tarafından serbestleştirilen koşullardan bahsetmiştik:

1) Hepsinin hazda artış sağladığı birden fazla etkinlik olduğunda. Bu durumda kişi aralarından özgürce seçim yapabilir.

2) Hazzı arttırma zorlantısı, kişinin dikkatinin küçük bir kısmıyla zaten tatmin edildiyse. Geri kalan dikkatini istediği yere yöneltebilir.

3) Kişi birçok kaynaktan sıkıntı yaşıyorsa: İlk önce hangisiyle başa çıkacağına karar verebilir.

Bütün bunlar, Şekil 3' 'teki modelimizle tamamen uyumludur. Ve geçerlililiğinden emin olduğumuz modelimizi, seçmiş olduğumuz hedeflere ulaşmak için hazsal bilinçdışını etkileyen çeşitli teknikleri inceleyeceğimiz bir sonraki bölümde referans noktası olarak kullanabiliriz. O nedenle devam edelim.

6 Alet Çantasındaki Stratejiler

Bu bölümde hazsal bilinçdışı tarafından tetiklenen uyum bozucu davranışlarla mücadele ederken kullanabileceğimiz çeşitli yöntemleri sıralayacağız. Ayrıca her bir yöntemin mevcut veya gelecekteki bir etkinliğin hangi yönlerini nasıl etkilediğini de belirteceğiz.

Vicdan Azabının Sıkıntısı

Kişinin hazsal bilinçdışı ile desteklenen zararlı davranışlarına karşı sahip olduğu ilk psikolojik silah, onaylamadığı bir hareket yaptığında deneyimlediği vicdan azabı ve öz eleştiridir. Bu, utanç ve/veya suçluluk duyguları tarafından üretilen belirgin derecede sıkıntılı bir duyumdur. Çoğu durumda, kişi sezgisel olarak doğru olduğuna inandığından farklı bir şey yaptığında suçlu hisseder ya da vicdan azabı çeker.[35]

Kişi ahlaki açıdan onaylamadığı bir hareketi yerine getirme fikriyle eğleniyorken, aynı olumsuz duyguyu deneyimleyebilir.

Bu, kesinlikle hareketin sonuçlarının psikolojik alanına aittir. Kişi kınanacak bir hareketin ortasındayken (bilgisayar oyunu oynamak, mastürbasyon yapmak veya spor salonuna gitmemek gibi) vicdan azabı hissedebilir. Daha sonra o etkinliği bırakmak ve daha iyi bir şey yapmak için bu duygu, motivasyon görevini görür. Kişi gelecek-

[35]Konuyla ilgili daha fazla bilgi için kitabımı inceleyebilirsiniz: Depression and the Immature Romance: The Secret Inner Battle of the Depressed Mind.

teki olası bir etkinlik için de aynı olumsuz duyguyu hissedebilir. Kişinin yararlı bir işi tamamlamayı hayal ettiğinde ileriye yönelik heyecan veya rahatlama hissetmesi gibi, aynı işin aşağı ya da alçaltıcı olduğunu hayal ettiğinde ileriye yönelik utanç ve ya suçluluk hisseder. Bu, ileriye dönük beklenen olumsuz duygulanımlar işe başlamak için caydırıcı rol oynar.

Aslında utanç ve/veya suçluluk duygusu, bilinçli niyetlerimizin bilinçdışı zihnimizdeki haz temelli temsilcileridir. Bu niyetlerin açık davranışlarımıza hazsal bilinçdışı aracılığı ile etki yapmasını sağlarlar. Sonuçta, farkında olduğumuz niyet ve amaçlarımızın ilgilendiği şey hareketlerimizin sonuçlarıdır.

Bir ciddi problem, suçluluk ve utanç duygularının kişiyi istemediği bir eyleme girişmesinden vazgeçirici olarak hizmet etmesine rağmen, çoğunlukla kişiyi bu davranıştan vazgeçirecek kadar güçlü olmamasıdır. Hepimiz suçlu hazlar kavramını duymuşuzdur.

Kitabın başındaki beş örnekteki her bir kişi bu olumsuz duyguyu deneyimlemiştir. Ancak, bu durum onların zarar verici davranışlarını durdurmaya yetmemiştir ve birçok benzeri durumda da tek başına yeterli olmazlar. Çoğu zaman bu duygusal yanıt sadece geri teper. Kişinin olumsuz davranışları üzerinde herhangi bir fiziksel etkiye sahip değildir, ve bu davranışları yaptıktan sonra ortaya çıkan kalıntı bir his olarak algılanır. Bu da sadece kişinin özgüveninin ve öz saygısının azalmasına yol açar.

Ancak yine de kendimiz için iyi olan etkinlikleri seçebilmek ve iyi olmayanlardan kaçabilmek için çok yararlı bir motivasyon veya demotivasyon kaynağıdırlar . Ve motivasyonun birikmesi (sonuçta, haz ve sıkıntı arasındaki savaş miktarsal bir savaştır) doğru yönde bir adımdır ve daha sonra aynı sonuçları destekleyen diğer motivasyon kaynaklarıyla tamamlanabilir.

Sonucu Akılda Tutmak

Bilinçli olarak arzu ettiğimiz şeyler her zaman hareketlerimizin sonuçlarıyla çakıştığından, bu sonuçların ne olduğunu hatırlamak ve geleceğe ait olası bir eylem için akılda tutmak yararlıdır. Bunun her zaman gerçekleşmediğini ve tamamen otomatik olmadığını belirtmiştik. Bu nedenle zorunda hissettiğimiz eylemlerin sonuçlarını hatırlama alışkanlığı edinmek iyi bir fikirdir.

Fayda ve Zararları Ölçmeyin

Mantıksal zihnimizin belki de en büyük anormalliklerinden biri hazsal bilinçdışının zorunluluklarını tamamen kabul etme eğiliminde olmasıdır. Eğer bir soruna herhangi bir sabitleşmiş inanç veya olumsuz çağrışımlar kullanmadan sadece mantıkla yaklaşırsak, büyük bir olasılıkla mantığımız bizi, mantık dışı olarak, en çok haz veren ya da sıkıntıyı en aza indirgeyen sonuçlara götürür. Bu, akla uygunlaştırma (rasyonalizasyon) olarak iyi bilinen bir süreçtir ve etkileri belirli bir hareket tarzının doğru olup olmadığına karar vermeye çalıştığımız zamanlarda daha net bir şekilde ortaya çıkar.

Doğal olarak bunu bir hareketin fayda ve zararlarını kıyaslayarak yaparız ve kararımızı aradaki dengeye göre veririz (bu, tabii ki, hareketin sonuçlarıyla ilgilidir). Ancak, çoğu zaman değerlendirmelerimiz garip bir şekilde haz ilkesinin zorunluluklarına uyar. Genellikle nesnel olarak doğru olmasa da, bize haz veren etkinliklerin yararlı olduğu ve sıkıntı verenlerin ise zararlı olduğu sonucuna ulaşırız.

Fayda ve zararları ölçerken haz veren bir hareketin olumlu yanları, aslında değişken veya değersiz olsalar da, psikolojik olarak doğrulanırlar. Zararlar ise, aslında büyük olsalar bile, tamamen önemsiz görünürler. Bir kez daha, zihnimizin haz ve sıkıntıyı psikolojik işlemlerin ana birimi olarak kabul ettiği gerçeği ile karşılaşıyoruz.

Örneğin, yatağında rahatça uzanmış yorgun biri kalkıp üretken bir güne başlamak ile yatakta kalıp biraz daha uyumak arasındaki fayda ve zararı karşılaştırdığında, daha fazla dinlenmenin sağlayacağı belirsiz sağlık yararları, dört saat sonra da kalksa aynı şeyleri yapabileceğini, başarılı bir şey elde edebilmek için çok yorgun olduğunu, kuşların cıvıltısının işe başlamak için fazlasıyla dikkat dağıtıcı olmasını savunarak uykuya dönmesini sağlayan taraf daha fazla ağır basacaktır. Çünkü uykuya dalma ile hissedilen rahatlamayla duyulan haz büyük oranda artacaktır. Erken kalkmanın ona her zaman büyük bir tatmin sağladığını ve genellikle o saatlerde en iyi şekilde çalıştığını, zaten gerektiğinden fazla uyuduğunu ve fazla uykunun onu sadece yorgun düşürmeye yarayacağını, kalkarsa yapacağı şeyleri zamanında yapabileceğini ve fazla uyumanın aslında yararsız olduğunu bilmek onu hiç etkilemeyecektir veya çok az etkileyecektir. Çünkü bunlarla birlikte gelecek hazzı gerçekten hissetmemektedir.

Özellikle zorlantılı cinsel eylemler bu durumun yaygın bir kurbanıdır. Farkındalığı yüksek bir arkadaşım bir keresinde (eski kız arkadaşıyla cinsel ilişkiye girme olasılığıyla ilgili olarak) şöyle demişti: "Objektif olarak böyle bir şey en iyisidir veya değildir; zamanı geldiğinde kendimi ikna edebileceğime güvenmiyorum." Yanlış olduğunu ve daha sonra pişmanlık duyacağımızı bildiğimiz durumların içine çekildiğimizde, çözüm yolu durumu yeniden değerlendirmeye kalkışmak değildir (buna güçlü şekilde zorlansak bile). Eğer kalkışırsak, kendimizi önceki görüşlerimizin üzerine yeniden yazarken ve istenmeyen sonuçları alırken bulabiliriz. Bu gibi durumlarda sonuçlarımızı önceden şekillendirmek ve onlara bağlı kalmak en iyisidir (onların biz anı yaşarken mantığımızın geliştireceğinden çok daha geçerli olduklarını hatırlayarak).

Alışkanlığın ve Çağrışımın Gücü

Süreç içerisinde fayda ve zararları ölçmenin yanıltıcı sürecine girmemek ama bir yandan da eylemlerimizin sonuçlarını bilmenin etkisinden faydalanmak için, eylemin düşüncesi ile sonuçların düşüncesi arasında güçlü bir çağrışımsal bağlantı kurmak en iyisi olacaktır. Böyle güçlü çağrışımların oluşturulması genellikle biraz zaman alır ve bunu yapmak önemli miktarda tekrar gerektirir. Bu süreç temel olarak bir düşünce alışkanlığı oluşturmaktır: Bir düşünceyle ilişkisi olan başka bir düşünceyi kasten çağırmaktır (bu durumda, sonuç düşünceleriyle ilişkili hareket düşünceleri). Birçok kez tekrarladıktan sonra, süreç büyük ölçüde otomatik hale gelecektir. Sonuç, sıkıntılı bir düşüncenin (genellikle olumsuz bir duyguyla aşılanmış hoş olmayan bir resim yada görüntü) zararlı bir eylemin haz veren düşüncesiyle hızlı bir şekilde ilişkilendirilmesidir. Ya da haz dolu bir düşüncenin sıkıntılı bir hareketle ilişkilendirilmesidir. Bu, zararlı olduğunu bildiğimiz zorlayıcı davranışlara karşı haz temelli hızlı bir dengeleyici olarak görev yapar.

Bu tarz bir çağrışım ve alışkanlık oluşturmayı tavsiye etmemin sebebi, hızlı ve çoğunlukla bilinçdışı olmasıdır. Bilinçdışı olduğu için, bilinçli olarak dikkatli incelemeye ve zararlı eylemin fayda ve zararı yeniden değerlendirme sürecine bağlı değildir. En büyük avantajı hızlı bir şekilde otomatik tepki vermesidir; çünkü harekete geçip geçmeyeceğimize dair kararlarımızda zaman önemli bir faktördür. Bazen olması yakın sonuçları düşünmeden kendimizi bir aktivitenin ortasında buluruz ve otomatik ilişkilendirme genellikle bu tür davranışları önlemek için devreye girer. Ancak bazı durumlarda alışkanlık haline gelmiş bir ilişkilendirme, durumu önlemek için çok yavaş kalır: Kitabımızın başındaki sigara içen kişi örneğinde olduğu gibi.

Çevremizi Kontrol Etmek

Güncel olmayan davranışsal bir kavram gibi görünebilir ama davranışımızı değiştirmenin en güçlü ve en etkili yolu çevremizi değiştirmektir. Ancak, davranışçıların düşündüğünün aksine, bu davranışlarımızı etkilemek için dolaylı bir yöntemdir: Çevremizin durumunun düşüncelerimiz üzerinde kesin bir etkisi vardır ve daha sonra davranışlarımıza katkıda bulunurlar. Bununla beraber yinede düşüncelerimizi doğrudan ve bilerek kontrol etmeye çalışmaktan çok daha fazla etkilidir.

Bu yeni bir şey değildir. Biz zaten aşağıdaki iki kavramı kabul ederek ana sonuca ulaşmıştık:

1) Dikkatimizin dağılması ve dolayısıyla zihnimizin içeriği, kasıtlı çabalarımız ve niyetlerimizden ziyade hazsal bilinçdışı tarafından çok daha güçlü bir şekilde belirlenir.

2) Zihnimizi dürtüsel olarak kaplayan haz-arayıcı düşünceler durdurulamazlar ve güçlü bir şekilde kök salmışlardır.[36]

Buradan yola çıkarak, çevremizi kontrol etmeye çalışmanın, hangi etkinliklerin bizi zorlayacağı ve sonrasında ortaya çıkacak hareketlerimizin ne olacağı üzerinde derin etkileri vardır. Ve, bu pratikte son derece geçerlidir.

Yaşadığı çevreyi amaç doğrultusunda manipüle eden bir kişi, neredeyse tüm etkinliklerin herhangi bir yönünden alabileceği motivasyonu da değiştirebilir. Fiziksel olarak daha büyük bir işe başlamak için gereken gerekli çabayı sarf edebilmek için çevresini kasten değiştirebilir.[37] Etkinlik sürecini daha az zevk alınan bir hale getirmek için bazı faktörleri devreye sokabilir.[38] Ve, kişi etkinliğin sonuçlarını istenmeyen bir hale getirmek için bilerek kendi kendine çeşitli sonuçlar yaratabilir.[39] Doğal olarak, bir etkinliğe olan katılımını arttırmak istiyorsa da, tamamen tersini

36 İkinci kavram, bir etkinliğin her üç yönü için -başlatma çabası, etkinliğin kendisi ve sonuçları - bunlarla ilgili beklenen farkındalığımız ve taşıdığı duygulanım, gerçekte tam olarak olmalarını istediğimiz şeyle çakışırlar. Ve, bizler kendimizi bu gerçeklik karşısında kandırmaktan tamamen acizizdir.

37 Örneğin, sigara içen bir kişi sigara alımını fiziksel olarak zorlaştırarak sigara içmekten kendini caydırabilir.

38 Ör neğin: Tırnak yeme alışkanlığından kurtulmak isteyen bir kişi acı tad veren oje sürebilir. Hareketin kendisi keyifsiz ve tatsız bir hale gelmiş olur.

39 Örneğin, sarhoş olmak istemeyen bir kişi, bunu yaparsa bir arkadaşına bir miktar para vermeye söz verebilir.

yapabilir. Başlamayı kolaylaştırıcı ve keyif verici hale getirebilir ve daha faydalı sonuçlar alabilir.

Bir işin başlama safhasını hedeflemek özellikle etkilidir. Bu süreci daha kolay veya daha zor hale getirmek için çevremizi fiziksel olarak değiştirmek, belirgin hareketlerimizde farklılıklar yaratabilir: Başka türlü yapmayacağımız faydalı etkinliklere başlamamıza ve zararlı olanlardan kaçınmaya ikna edebilir. Bununla birlikte, bunu yapma fikri çoğu insan tarafından özellikle zarar verici eylemlerde gözden kaçırılır.

Örneğin, kendisine ayıracak tek bir dakikası olduğunda bile bilgisayar oyunu oynayan birini ele alalım. Kişinin bu davranışındaki en büyük faktör bilgisayar oyununa kolay ulaşımıdır - belki de bilgisayarını açmak dışında, hemen hemen hiç çaba sarf etmesine gerek yoktur .

Önleyici tedbirler alsa ve bilgisayar oyununun kartuşunu evinden iki mil ötede bir kasa içerisinde saklasa ne olur? Kesinlikle tekrar oynamak isteyecektir, çünkü oyun düşüncesi ona haz vermektedir; ama o zaman gidip kasayı alması gerekir ve genellikle de gitmez. Bazen kasaya gitmek için hazırlanır ama sonra oyunu bırakmaya çalıştığını hatırlar, bunun "zavallıca" olacağını düşünür ve gitmez. Bazen kasanın yarı yoluna kadar gider ve geri döner. Zaman zaman oraya ulaşır, oyunu elinde tutar ancak oynamaktan vazgeçer. Ve bazı zamanlar gerçekten oyuna karşı yenilir, oraya kadar gider ve her şeye rağmen oyunu oynar. Ama toplamda bilgisayarı olmadığı için oyunu çok daha az sıklıkta oynar. Ve sonuçta, oyundan mahrum kaldığı için, dürtüsü yavaş yavaş kaybolur.

Bu örnekte de görebileceğimiz gibi, bu tip senaryolarda zaman faktörü önemli bir önleyici rol oynar. Eğer bir kişinin çevresini değiştirmesi sadece bir etkinliğe başlaması için çaba göstermesinin yanında ek olarak daha fazla zaman da gerektiriyorsa, kişinin gerçekten bu işi yapmak isteyip istemediği üzerinde düşünmek için daha fazla fırsatı olacaktır. Böylelikle vazgeçmek için de daha fazla şansı olur. Ancak pek çok eylem çok az zaman ve çaba gerektirir. Örneğin, bilgisayarda sadece birkaç tıklama. Kişi sonuçlarını düşünmek için bir dakika bile bulamadan kendini eylemin ortasında bulur.

Tabii ki, aynı prensip diğer yönde de çalışır. Kişi etkinliğe başlamak için gereken süreyi ve çabayı önceden azaltabilir ve böylelikle onu yapmaya başlamak daha cazip gelir.[40] Gitmek istediği bir yere ulaşmak için çok zaman harcaması gereken biri, bu nedenle bundan sürekli cayacaktır. Eğer kişi kitap okuyabilmek için (çok heyecanlandığı bir kitap için olsa da) her seferinde masasındaki dağınıklığı temizlemek ve lambasını uzaktaki bir fişe takmak zorundaysa sürekli engellenecektir. Öncelikle masasını temizler ve lamba için bir uzatma kablosu alırsa, okuma arzusu engellenmiş olmaz ve eyleme başlamakta başarılı olacaktır.[41]

Çevremizde böyle önleyici değişiklikler yapmak için temel beceri, öncelikle değişikliklerin nerede yapılması gerektiğinin farkına varmak, ardından da kasıtlı olarak onları çağıran etkinlikten zamanla uzaklaştırmaktır. Bilgisayar oyuncusu kendini oyun oynamaktan alıkoyamazken, bilgisayar oyununu uzakta saklamayı, olanaksız olmasa da çok zor bulacaktır. Ve kitap okumayı isteyip bunu yapmak için masasını düzenleme enerjisini bulamayan kişi, ileriki okuma denemelerini kolaylaştırmak için çevresini düzenlemek üzere daha da büyük bir çaba sarf edemeyecektir.

İnsanların uzun süre yararlı değişiklikler yapamadan aynen devam etmelerinin ve sıklıkla başarısız olmalarının nedeni, değişiklik yap-

[40] Zaman elbette çabadan ayrılmaz bir şeydir. Bir şeyi yapmak için gereken zaman miktarı, büyük oranda onu yapmak için gereken çaba miktarına denk gelir.

[41] Uzun süreli seyahat zamanı veya vasıta değişimi gerektiren durumlar için, zamanı kısaltmak kuşkusuz yaşadığı yerle ilgili önemli değişiklikler yapmadan veya yeni ulaşım koşulları öğrenmeden zor olur. Bunun üstesinden gelmenin iyi bir yolu da, kişinin daha önemli nedenlerle başka bir yere gitmek için oranın yakınında olması fırsatıdır. Aynı doğrultuda kişi bir yere seyahat edip, orada uygun olan birden fazla etkinliğe katılmak için plan yapabilir. Bu şekilde gerekli tek bir başlama enerjisi için pek çok motivasyon kaynağı kullanabilir.

ma fikrini zararlı eyleme yenildikleri anda akıllarına getirmeleridir. Böyle bir durumla sadece yenilgiye uğradıklarında, başka bir deyişle tam da aksini istedikleri sırada yüzleşirler. Kişi başlamak için çok fazla çaba gerektiren aktivitenin zorlantısından kaçındığında veya başlamak için çok kolay olan bir aktiviteye yenik düştüğünde, olanakları değiştirmek için anlık ihtiyacı kaybeder ve aynı etkinlikle tekrar karşılaşana kadar kavramı sıklıkla aklından çıkartır. Sonuç, kişilerin bir etkinlik başlatmak için sürekli olarak aynı motivasyonel problemlerle karşılaşması ve problemleri değiştirmek için hiçbir şey yapmamasıdır.

Tabii ki çözüm, bu değişikliklerin yapılması gereğinin ve karar almanın faydalı olacağının farkında olmak, ardından da bu değişiklikleri kişinin harekete geçmesi için yeterli motivasyona sahip olduğu zamanlarda dikkatli bir şekilde yapmaktır. Bilgisayar oyunu oynayan kişi için oyundan bıktığında veya sıkıldığında, pek çok kişinin yaptığı gibi, daha sonra oynamamak için bir çözüm bulmaya karar vermek yerine, bilgisayarı uzak bir yere kaldırıp kilitlemektir. Benzer şekilde, kitap okumak isteyen bir kişinin çalışkan ve neşeli hissettiği anlar, okuma koşullarını geliştirmek için en uygun zamanlarıdır ve bunu gerekli bir fırsat olarak görür.

Şunu tekrarlamak önemlidir: Eğer kişi daha önce çevresel koşullarının üstesinden gelemediyse çevresini değiştirmek için proaktif hareketlere giriştiği zaman adeta tam bir felç durumu yaşar. Okumak için masasını toplamaya yönelik aktivasyon enerjisinin toplayamayan kişi, büyük ihtimalle herhangi bir değişiklik yapamayacaktır. Ve asla oyun oynamaya direnemeyen kişi ise, büyük ihtimalle bilgisayarını kilitlemeyecektir. Diğer taraftan sıklıkla (ya da ara sıra) masasını toparlamak için gerekli çabayı sağlayabilen kişi, bilgisayar oyunu oynama dürtüsüne karşı gelen ve bazen de başarılı olan bilgisayar oyuncusu, çevrelerini değiştirmek ve hedeflerine ulaşmak için büyük ihtimalle koruyucu önlemleri alacaklardır.

Bir işi başlatmak veya tekrar etmekte fiziksel olarak sıkıntı yaşayan kişiler, her seferinde aynı sıkıntıyla karşılaşacakları için, deneyimlerini daha kabul edilir hale getirmek üzere önlem almaları normal ve otomatiktir. Okumaya başlamadan önce masasını düzenlemek için sürekli zaman ve çaba harcayan okuyucu, tabii ki bu süreci kalıcı olarak daha kolay hale getirmenin yolunu bulacaktır. Oyununa gömülmüş haldeki bilgisayar oyuncusu sürekli ve acı veren bir şekilde oynamamak için dürtüleriyle savaşır. O, bu çabaları fiziksel olarak da savaşta kendisine yardımcı olacak bir şeyler yaparak destekleyecek ve kısa süre sonra oyunu kilitleyecek ya da elden çıkartacaktır. Bunun gibi durumlarda bir işi başlatmanın sıkıntılı çabasından ve tekrarlanmasından kaçınan kişiler, çevrelerini geliştirmenin bir değişiklik yapacağını fark etmeye yatkın değillerdir ve bunun bir ilerleme sağlayacağını bilmezler. Ne yazık ki böyle vakalar çoktur.

Kişinin motivasyonunu değiştirmek için çevresini değiştirmeye benzeyen ikinci bir yöntem de kişinin işten aldığı hazzı veya sıkıntıyı hedeflemektir.

Yürüyüş yapmak kişiye doğal olarak hoş gelebilir, ancak eğer kişi ayağını rahatsız eden ayakkabılar giydiyse aldığı haz çok daha az olacaktır. Kişinin sadece bu ayakkabıları varsa, yürüyüşe çıkmak konusunda cesareti kırılacaktır; çünkü yürüyüşü rahatsızlık ve acı verici bir süreç olarak görecektir. Rahat ayakkabılar almak tabii ki sorunu hem pratik olarak, hem de motivasyonel olarak çözer. İnsanlar yaşamlarında böyle fiziksel değişiklikler yapmak konusunda son derece heveslidir - istenen ya da gerekli aktiviteleri kolay ve daha keyifli hale getiren değişiklikler.[42]

Bu tür yardımcı , ancak olumsuz yönde olan değişiklikleri yapmak, yapmak konusunda kişiler zihinlerini toplamakta büyük zorluk çe-

[42] Aslında insanlık tarihindeki pek çok teknolojik gelişme bu amaca bağlanmıştır: Daha rahat ayakkabılar, daha etkin girişimler, daha hızlı ulaşım, daha keskin bıçaklar ve bunun gibi pek çok şey. Araç yapmanın prehistorik tarihinden, endüstriyel makine ve modern elektroniğe kadar...

kerler. Örneğin, kişinin amacı yürüyüş yapmak değilse kasten rahatsız eden ayakkabılarını kullanması gibi. Veya kişinin amacı daha az yemekse, bilerek sadece hafif, tatsız gıdalar almak ya da kişinin amacı dışarıda daha fazla zaman geçirmekse, bilerek evindeki ortamını rahatsız hale getirmek gibi.

Kendisi için yaşamı zorlaştırma kavramı birçok insan tarafından önemli bir dirençle karşılanır ve genelde sezgilerimize tamamen aykırıdır. Ortalama bir insan böyle davranmayı saçma bulacaktır ve saçma önlemlere başvurmadan sağlıksız zorlantılarla kişisel iradesi doğrultusunda mücadeleye girişecektir. Diğer taraftan biliyoruz ki, ortamı fiziksel olarak değiştirmek gibi alternatif metodumuz, direkt olarak etkilidir ve büyük pratik sonuçlar sunar.

Son alarak, motivasyondaki benzer bir değişiklik, çeşitli etkinliklerin fiziksel sonuçlarını hedef alarak da sağlanabilir. Bu, pek çok insan için otomatik bir uygulama yöntemi değildir. İnsanlar genelde eylemlerinin çevre tarafından belirlenmiş sonuçlarını kabul ederler. Ancak bireyin kişisel olarak eylemleri için sonuçlar oluşturması mümkündür ve bu kaçınılmaz olarak gelecekteki motivasyon ve davranışı üzerinde etkisi olacaktır.

Bu, genellikle maddi sonuçların uygulanması ile sağlanır. Bir bahisçi bunun mükemmel bir örneğidir. Zor bir amaca ulaşmaya ya da zorlu bir görevi tamamlamaya çalışan birisi için - örneğin, bir veranda inşa eden, ya da zayıflamaya çalışan biri gibi - motivasyonunu bir arkadaş ile bahse girerek desteklemesi akıllıca olacaktır. Tabii, kendi iyiliği yönünde bahse girecektir. Böyle yaparak hem görevi tamamlamak için harekete geçiren bir güdüsü (bahisteki ödülü kazanma arzusu) hem de görevi bırakmak için caydırıcı bir nedeni (kayıplarını ödemek zorunda kalmaktan kaçınma isteği) olacaktır. Daha çok bahis oynadıkça, daha çok motivasyon kazanacaktır - kendisine karşı bahis oynayacak birini bulduğunu varsayarak. Diğer taraftan olumsuz sonucu olmayan bahisler genelde "dost bahisler" sayılır. Çok az ekileri olur ya da hiç olmaz; çünkü bir sonuç meydana getirmezler.[43]

Tabii ki, sonuçlar ve bahisler sadece parasal değildir. Kişinin kendi üzerinde uygulayabileceği ilginç bir sonuç, utanca otomatik olarak maruz kalmadır. Kişinin katılırsa ve katıldığını arkadaşları öğrenirse utanacağı bir etkinlik varsa, bu eylemini arkadaşlardan saklamayı olanaksız hale getiren koşullar sağlayabilir. Günümüzde bunu sağlayacak pek çok online uygulama bulunmaktadır: Etkinliğinizi sosyal medyada yayınlayanlar veya insanların web tarayıcınızın geçmişini görmesini sağlayanlar gibi. Böyle taktikler işe yarar. Kişi kaçınılmaz utancı önlemek için etkinliğini tekrarlamamaya daha motive olur.

Kişinin kendi davranışı için meydana getirdiği sonuçlarının neredeyse tamamında başkaları da rol oynar. Tüm bahisçiler kuşkusuz bahis için başka bahisçilere ihtiyaç duyar. Kişinin belirli eylemleri yaparsa veya yapmakta başarısız olursa uygulanmak üzere, kendi gücünü başkalarına devrettiği durumlar için aynı şey geçerlidir.[44] Başarılı sonuçlar aldığında ve zararlı olanlardan kaçındığında kendisini ödüllendiren başkalarının olduğu durumlar da benzerdir. Sonuçta onlar, kişinin sadece ödülsüz bir risk ya da risksiz bir ödül aldığı tek taraflı bahisçilerdir.[45] Bu, kendimizin oluşturduğu sonuçları kapsar; tabii ki, burnunuzu her karıştırdığınızda size elektro şok veren otomatik alet ya da her mastürbasyon yaptığınızda arabanızın üzerindeki kaya parçasını alçaltan araç gibi durumları kastetmiyoruz.

Hazsal bilinçdışı tarafından teşvik edilen, istenmeyen zorlantılı davranışların engellenmesi için fiziksel çevrenin değiştirilmesi konusunda son bir noktaya değinmek istiyorum. Zihnin gelgitleri çal-

[43] Gerçek bir arkadaş, bahiste size karşı olarak para yatırmayı istecek kişidir. Ne kadar çoksa o kadar iyi. Tabii ki, bu bahsi sizle beraber yapıyorsa.

[44] Örneğin, bir arkadaşa paranızı alma veya sizin için hoşnutsuz bir durum yaratacak olan başka bir şey yapma yetkisini vermek.

[45] Motivasyon söz konusu olduğunda klasik bir bahisçinin daha iyi bir seçenek olduğu kesindir. Zira her iki uçta da teşvik vardır: Hem risk, hem da ödül aynı eyleme yönelmiştir.

kantılıdır. Kişinin zihni, gün içinde duygudurum, kavrama becerisi, haz ve motivasyonel durumunu etkileyen diğer etkenlerdeki siddetli değişikliklerin etkisi altındadır. Zorlantılarının karşı konamayacak kadar güçlü olduğu ve onlara bilinçli olarak karşı koyma gücünün çok zayıf olduğu zamanlar olacaktır. Tabii ki, aşırıcı baştan çıkarıcı anlar, ve öncesinde tamamen zayıf olunan anlar vardır; tamamen mantıksızlık anları, ve mantığın yetersiz olduğu anlar vardır; anlık duygu patlamaları ve çekilmez can sıkıntısı anları vardır; hepsi de insan zihninin mikrokozmosunda ara sıra karşı konulmaz şekilde ortaya çıkar.

Sağlıksız zorlantılarımızı engellemek için düşüncemizde yapacağımız herhangi bir değişiklik, düşüncelerimiz ve irademizi ele geçiren veya devre dışı bırakan, hareketlerimizin kontrolünü zihnimizin ilkel ve arkaik sistemlerine teslim eden çeşitli asi güçlere karşı incinebilir olacaktır. Sonuç olarak, zihnimiz üzerinde başlangıçta düşündüğümüzden şaşırtıcı derecede daha az kontrolümüz vardır, ve kontrolde olduğumuz zamanlar ise hazsal bilinçdışının bize izin verdiği zamanlardır. Bilinçdışı zorlantılarını ne pahasına olursa olsun bilinçli olanaklarıyla kontrol altına almaya çalışan kişide ruhsal hastalıklar ortaya çıkabilir.[46]

Bu kişi, zihninin tutarsız yapısının tam olarak farkındadır. Yasak dürtülerinin harekete geçemek için sabırsızlandığını ve zihninin onu aldatmak için hazır olduğu anları bedensel olarak hissetmektedir ve böyle bir kişi gerçekten kendi zihnine güvenmez.[47]

Böyle zamanlar için sürekli tetikte olmalıdır ve bu da sıklıkla etkinliklerin kısıtlanmasıyla sonuçlanır (genelde endişe aracılığı ile). Zira kendi dürtülerine yenilebileceği durumlara karşı savunmada

[46] Örneğin, cinsel dürtülerinden ahlaki olarak uzak duran kişi ya da kendisi hakkında sıklıkla cinsellik kaynaklı olan utanç verici bir sırrı açığa çıkartmamak için sürekli tetikte olan biri.

[47] Ve kısmen de haklı olduğunu biliyoruz.

olmalıdır. Ortaya çıkan semptomlar agorafobi, paranoya ve obsesif kompulsif bozukluk çizgisinde olabilir.[48]

Kişinin akli durumundaki değişiklikler ara sıra meydana geldiği ve bizim de üzerindeki kontrolümüz belli belirsiz olduğu için, etrafımızdaki fiziksel çevre pratik olarak durağandır ve onun üzerindeki kontrolümüz de fiziksel sınırlarımızla kısıtlıdır. Belli bir şekilde davranmak için kararlı olabiliriz; ama zamanı geldiğinde bırakın harekete geçmeyi, onları hatırlayacağımız bile belirsizdir. Ancak, çevre koşullarımızda bir şey değiştirdiğimizde o şekilde kalmaya mecburdur (bazı ender dış güçler dışında). Bir dahaki sefere TV izlemek yerine okumak kararı alan biri - tamamen sıkıldığında bile - aklından çıkarmak için bir olasılık olduğu veya hatırlasa bile yapamayacak olduğu kavramına sahiptir.[49] Diğer taraftan TV izlemek istediğinde, kararına sadık kalmasını sağlayacak şey, televizyonunun artık orada değil, dolapta kapalı olmasının ve iki gün önce onu bir kitap okumak ile değiştirdiğinin soğuk ve sert gerçekliğidir. Pek çok sağlıksız zorlantı, onlar üzerinde değişiklik yapmak fiziksel olarak mümkün olduğunda geçerliliğini yitirebilir.[50]

Sosyal Motivasyonu Görevlendirmek

Hazsal bilinçdışından kaynaklanan iniş çıkışların bilinçli amaçlarımıza uyum göstermesi için diğer kişilerden elde edilen motivasyonu kullanabilirsiniz.

[48] Tabii ki bu büyüklükte rahatsızlığa neden olan pek çok zorlantı, kişinin çevresindeki basit bir değişiklikle engellenebilecek seviyede değildir.

[49] Böyle bir şeye sıklıkla rastlanır.

[50] Hayalimizin çağrışım yaptırdığı haz veren keyifli duygular, gerçekliğe yakından bağlıdır ve zihnimiz onun olanaksızlıklarından çok fazla haz duymaz. Zihnimizi kapsayan zorlantılı keyifli fikirlerin çoğunun gerçeğe dönüşme şansı bulunmaktadır. Bilgisayar oyununu sadece fiziksel olarak oynaması mümkün olduğunda heyecanlı şekilde düşünülür. Böyle bir olanak olmadığında kişi, ileriye yönelik keyif için bu tip hayallerden zevk almayacak ve bu hayaller zorlantılı olarak zihnine zorla giremeyeceklerdir. Düşünce eyleme ihtiyaç duyar: Eğer eylem için bir olasılık yoksa, düşünce de çekiciliğini kaybeder. Kişinin, gerçekleşmeyeceğini bildiği bir sonuç için endişe hissedememesi gibi, var olmayan oyunun olasılığı için heyecan duymaz.

Arkadaşlarla bir şeyler yapmak sıkıcı aktiviteleri heyecanlı ve neşeli hale getirebilir. Bu, başlangıç aktivitelerini kolaylaştırmak ya da daha haz verici hale getirmek için uygulanabilir: Aksi takdirde uzun, sıkıcı bir tören arkadaşlar olmazsa nasıl eğlenceli hale gelir?

Aktiviteler daha eğlenceli hale getirebilir: Egzersiz yapmak veya bir sunum hazırlamak sosyal bir yön eklenirse daha hoşlanılabilir hale gelir.

Sosyal yönler belli hareketlerin sonuçlarına katkıda da bulunabilir: Arkadaşınıza bir şey yapmak için söz vermeniz, gerçekleşmemesi konusunda sizi endişelendirir. Arkadaşların önünde başarılı görünme isteği, sonuçta sizin gerçekten başarıya giden şekilde davranmak konusunda motive edebilir. Rekabet ve yarışma sıklıkla kendinizi daha iyi hale getirmek, bir konu üzerinde çalışmak, ilerlemek için motivasyon kaynağıdır.

Planlı hedeflerimize ulaşmak için başka kişilerden aldığımız sosyal motivasyonu kullanmanın pek çok olanağı vardır.

Dikkatinizi Bölmek

Böl ve yönet taktikleri kullanarak hazsal bilinçdışının isteklerinin üstesinden gelebileceğimizden zaten söz etmiştik. Keyfi arttırma zorlantısı, kalanını kendimiz için kullanmak üzere dikkatimizin küçük bir kısmı ile tatmin edilebilir. Hazzımızı başka bir yerden aldığımız için kalan dikkatimizi, doğaları gereği itici olan temizlik, yemek yapma, egzersiz gibi üretken faaliyetlere sıkılmadan yönelebiliriz. Bu yöntem tabii ki aktivite sürecinin kendine özgüdür.

Dikkatimizi sıradan ve pek de katılım sağlanmayan işler ve zevk veren ama benzer şekilde kapsamayan aktivitelere bölmek, işleri etkin şekilde keyif verici ya da daha keyif verici hale getirmekle kalmaz, aynı zamanda tüm kullanılabilir dikkatimizi de harekete geçirmemize neden olur - bilinçdışının da bir başka çabası. Çok fazla dikkat gerektirmeyen etkili keyif kaynaklarına müzik dinlemek, mekanik bir oyun oynamak, sakız çiğnemek veya lezzetli bir şeyler yemek içmek gibi şeyler de dahildir. İnsanlar genellikle bu tür etkinlikleri, günlük hayattaki keyif vermeyen zorunlu etkinlikleri tahammül edilebilir kılmak için yaparlar.

Bu, gerçekleştirmesi fazla dikkat gerektirmeyen etkinlikler için harika bir yöntemdir. Ancak doğası gereği, kişinin tam dikkatini gerektiren, zihinsel olarak dahil olunması gereken aktiviteler için - bunlara okuma, yazma, matematik vb. dahildir - uygun değildir .Çünkü bu aktivitelerde zihnin dağılması kolaydır.[51]

Ancak, dikkatinizin çoğunu, sizi asıl aktiviteden alıkoyan, ilginizin çoğunu almayan keyifli aktivitelere, zihni kısmen işgal eden düşüncelere verirken bile dikkatli olmak önemlidir. Örneğin: Solitaire oynarken bir konuşmayı dinleyen kişi, başlangıçta iki işi gayet güzel bir arada götürürken, Solitaire'in çok fazla dikkatini almaya başladığını ve konuşmanın pek çok bölümünü kaçırdığını fark eder (bu farklı nedenlerden olabilir). Veya yazarken müzik dinleyen biri, zihninin dağılmaya başladığını ve giderek müzikle daha çok ilgilendiğini fark edebilir.

Dikkatinizi Yöneltmek

Burada, üçüncü bölümün sonunda yer alan bir noktaya dikkat çekmek isterim. İnsanların dikkatlerini yöneltmek için bilinçli yeteneklerinin olduğunu biliyoruz. Ancak bu, çoğu zaman hazsal bilinçdışının dikkat-çelen gücü ile etkisiz hale getirilir. Çoğu zaman dikkat, hazzın beklentilerine veya sıkıntının belirgin etkilerine teslim olur. Ama haz ve sıkıntı algılamak için de dikkat gerektiği

51 Ancak bu durumlarda halen görünürde dikkat gerektirmeyen haz kaynağı sağlayan çevresel aktiviteler bulunur. Doğadan alınan estetik haz buna uyar: Doğanın güzelliğine bakmak, güzel bir koku koklamak, tende serin bir esinti ya da ılık güneşten keyif almak vb. Güzel bir günde insanların dışarıda çalışınca daha motive olması şaşırtıcı değildir ve yaratıcı düşünceler güzel, doğal bir ortamda daha rahat ve bol ortaya çıkar.

için, duygulanımlarımızın yani hazsal bilinçdışımızın şiddetini yönetmek için odağımızı bilinçli olarak yönlendirebiliriz. Bu yetenekten haz ve/veya sıkıntıyı çoklu kaynaklardan deneyimlediğimiz durumlarda faydalanabilir ve onu bilinçli amaçlarımızla daha uyumlu eylemleri öne sürmek için kullanabiliriz.

Dikkatimizi belirli bir haz ya da sıkıntı kaynağı içine bilerek sürükleyerek onu daha yoğun hale getirmemiz de mümkündür. Ve eğer dikkat, diğer haz ya da sıkıntı duyumlarından başka yere aktarılırsa, o duyuların daha az yoğun algılanmasını sağlayacaktır. Tıpkı hafif bir kaşıntının, onu düşünmemiz halinde daha rahatsız edici hale gelmesi ve bize zarar vereceğini bile bile kaşımak gibi; böylelikle dikkatimizi küçük bir haz ya da sıkıntıya yönelterek, onu daha büyük ve şiddetli bir duygulanımın üstesinden gelmek için zorlarız.

Örneğin: Bilinçli olarak yataktan çıkmak isteyen ama yatakta kalmanın saf fiziksel keyfiyle tamamen hareketsiz kalmış biri, kalkmak için küçük bir sıkıntıyı baskı gücü olarak kullanabilir. Eğer kaburgasında azıcık bir rahatsızlık ya da zorlanma yaşarsa (yatakta kalma keyfiyle kıyaslandığında gücü az olarak) dikkatini bu küçük sıkıntıya yöneltip, bunu kendisini yataktan çıkartmak için bir dayanak noktası olarak kullanır.[52]

Bu yöntem tabii ki, mevcut etkinlikten aktiviteden alınan haz ya da sıkıntıya bağlıdır.

Duyguyu Kullanmak

Duygular motivasyon için büyük kaynaklardır ve genellikle güçlü oranda haz ya da sıkıntı ortaya çıkartırlar. Duyguların motive edici gücünü bilinçli olarak verimli davranışlara yönelterek dizginleriz.

Duygular, doğaları gereği yumuşak huyludurlar. Öte yandan içgü-

[52] Benzer bir etkiyle, bir anne hasta çocuğunun saçını okşadığında; çocuğun dikkatini acısından veya bulantısından ziyade annesinin keyifli sevgisine yöneltmesini sağlar ve onu rahatlatır.

düsel olarak belli bir harekete doğru motive edici olduklarında (öfkenin yöneldiği insana yönelik zarara neden olmak gibi) seçtiğimiz güncel hareketler bilinçli zihnimiz tarafından belirlenerek geniş bir alana yayılır.

Örneğin: Eşine kendisini önemsemediği için öfkeli olan bir adam, onu aşağılayarak intikam arayabilir. Sahip olduklarını tahrip edebilir veya bozabilir, hatta ona fiziksel olarak zarar verebilir.[53] Öfkesini bastırıp, çok miktarda strese maruz kalabilir. Bunlar açıkça kötü alternatiflerdir. Ancak, öfkesini balık takımını düzenlemek, bisikletinin lastiğini değiştirmek veya hobisi olan diğer el emeği gerektiren işler gibi şeylere yöneltebilir. Böylelikle eşinden geçici olarak uzaklaşabilir. Bu da ondan (bir şekilde) intikam almasını sağlayacaktır ve en azından öfkeyi kısmen azaltacaktır. Karşılık olarak öfke, onun aksi takdirde sıkıcı ve keyifsiz bulacağı şeyleri yapmak için motivasyon olarak görev yapacaktır.

Duygulara yeniden meydan okuma yöntemi, olumsuz olanlara ek olarak olumlular için de önemli bir farkla uyarlanabilir. Öfke veya utanç gibi olumsuz duygular, duygunun doğasını ve içgüdüsel zorlantıları tatmin etmesi halinde (intikam almak veya değişikliğe gitmek gibi), verimli yönlere yöneltilebilir. Bununla beraber, mutluluk ya da heyecan gibi olumlu duygular belirli bir amaca yönlendirilmeyle kısıtlı değillerdir; çünkü pek çok kısım onlarda son bulur - onlar bağımsız hazdır. Mutluluk, kişiyi bilinçdışı olarak kaynağı üzerinde vakit harcamaya ve sürekli hatırlamaya teşvik eder; heyecan, kişinin bilinçdışı olarak kendini heyecanlandıran fikri planlayıp, tasarlamaya çeker. Ama aynı zamanda her ikisi de bağımsız keyif için sürekli kaynaklardır ve kişi onun yerine başka bir görevi alıp daha keyifli bulabilir, çünkü zaten o duygusal, kimyasal kaynaklardan zevk almaktadır.

[53] Genellikle bu öfkenin motive ettiği yol doğal, bilinçdışı bir yoldur. Bilinçdışı olarak kişiyi öfkesini diğer kişiden "kısasa kısas" şeklinde intikam olarak çıkartmaya yöneltir.

Olumsuz duygular durumunda, duyguyu yeniden yönlendirme yöntemi, tatminin bağlı olduğu eylemin sonuçlarına bağlıdır (adamın eşinden uzaklaşması). Bununla birlikte, olumlu duygular durumunda ise bu eylem sürecinin kendisiyle ilgilidir; çünkü eylem artık o duygulardan gelen bağımsız haza bağlı olarak daha keyif vericidir.

Hayal Etmenin Gücü

Bir sonraki yöntem son derece kritiktir ve özellikle psikolojik olarak önemi bulunmaktadır. Bir aktiviteye başlamak sadece fiziksel hareket gerektirdiğinde - kanepeden kalkmak, kıyafetlerini giymek veya plajda suya girmek gibi - basit teknik, kendinizi o hareketleri anlaşılmaz şekilde uygulamaktan alıkoyan hareketleri fiziksel olarak yerine getirmeyi zihninde canlandırmaktır. Bir işi başlatmak için gerekli olan en basit hareketlerin bile - koltuktan kalkmak ve yazı masasına gidebilmek gibi - gerekli hareketi başlatmak için motivasyondan yoksun olanlar için inanılmaz derecede zor olabileceğini biliyoruz. Kişinin motivasyonu yeterli olsa bile, hatta yeni hareketi başlatıp başlatmama eş seviyelerde bile olsa, bu basit fiziksel hareketlerin aktivasyon enerjisi - özellikle rahat bir koltuktan kalkmak gibi hoşnutsuzluk yaratacak şekildeyseler - kişiyi o hareketi başlamaktan bile engellemeye yeterli olacaktır. Ancak zihninde canlandırma sayesinde bu aktivasyon enerjisinin üstesinden keyifsizlik yaşamadan kolayca gelinebilir.

Hile, fiziksel olarak yapmanızı gereken hareketlerde kendinizi bilerek ve detaylı bir şekilde birinci, en önde giden kişi olarak hayal etmektir. Buna kollarınızı, bacaklarınızı, bedeninizi vb. nasıl hareket ettireceğinizi hayal etmeniz dahildir. Bunu hayal etmek birkaç saniye sürer ve böyle yaptıktan sonra kendinizi - belki de sürpriz bir şekilde - otomatik olarak hiç güç kullanmadan bir harekete başlarken düşünmeden onu yerine getirirken bulursunuz (bu genellikle aklınız konudan uzaklaşınca gerçekleşir). Bunu bir deneyin; gerçekten eski bir numaradır ve pek çok aktivitenin üzerinden gelmek için gerekli başlama enerjisi için işe yarar.

Bunun nasıl işe yaradığı konusunda iki neden görüyorum. Birincisi kendinizi fiziksel hareketleri yaparken hayal ederken, bedeniniz onları yapmayınca hissedeceğiniz sıkıntılı bir gerginlik duyar. Haz prensibi yoluyla o gerginliği rahatlatmak için hareketleri yapmak istersiniz. İkinci neden ise, yapmadan önce hareketleri, özel olarak etkinlikleri hayal etmek, beden ve zihniniz arasındaki bağlantıda standart çalışma tarzıdır. Bir yere giderken tüm yolu otomatik olarak düşünmeden yürüdüğünüzü düşünün: Bu, değişmez çünkü yola çıkarken (çok kısa bir süre için bazen tamamen bilinçdışı olarak) varış noktanıza olan yolu hayal etmişsinizdir. Bunun en çok farkına kazayla yanlış yere ulaşınca farkına varılır: Yolun ortasında başka yere gitmeye karar verip, o noktanın rotasını takip etmekte başarısız olup, artık orada olmak için bir nedeniniz olmadığı ilk noktaya varana dek. Ayrıca hiç düşünmeden banyoya veya buzdolabına gittiğiniz ve tuvaletinizi yapma veya yemek yeme işinin ortasında olduğuna kadar sürecin farkında olmadığınız durumları düşünün. Zira, zihninizde eyleme geçmeden önce oluşturduğunuz rotayı ve hareketleri takip ettiniz. Aynı şey sohbet sırasında bir şey söylemeyi, belki kırıcı bir yorum tasarlayıp sonuçta söylemekten kaçındığınızda, kendinizi bir anda ağzınızdan kaçırırken bulurken olur.

Kafein ve Diğer Maddeler

Farklı ilaç ve maddeleri kullanarak kimyasal olarak elde edilebilecek bağımsız hazdan söz ettik. Pek çok maddenin bağımsız haz etkisi bulunur, ki bu onları öncelikle çekici hale getirir - ek olarak dikkati ve/veya bilişi kısıtlamaları ile. Örneğin alkol böyle bir maddedir. Eğer çok fazla aklınızı kullanmayı ve dikkati gerektiren bir işe oturmuşsanız, motivasyonel nedenlerle alkol almak iyi bir fikir değildir. Ev çevresindeki basit işler için uygun olabilir.

Ancak biliş üzerinde zararlı etkisi olmaksızın bağımsız haz sağlayan bazı maddeler de bulunmaktadır. Kafein ve tütün bunun popüler örnekleridir ve çok etkili maddelerdir.[54] Kafein veya tütünün etkisini, hiç dikkat vermeden müzik dinlemeye kimyasal eş olarak düşünebiliriz. Büyük, güç gerektiren ve genellikle sıkıntılı bir işin altından kalkmak için sıklıkla kafein, hatta tütün yardımcı olur. İkisininde de bünyeye katılan fiziksel haz da bulunur. Örneğin; kahve içmek lezzetli olduğu için haz verir. Sigara içmek veya tütün çiğnemek fiziksel olarak haz verdiği için tatmin edicidir.

Bu şekilde madde kullanmak açıkça etkinliğin kendisi ile ilgilidir: Süre giden bir etkinlik daha keyifli olur ve ilerideki bir etkinlik te daha keyifli görünür.[55]

İhtiyacın Engellenmesi

Bir başka ilginç motivasyon tekniği ise, var olan bir ihtiyaç ya da arzudan vazgeçip onu daha az istenen bir şey için ödül olarak kullanmaktır. Açlık, boş vakit isteği, sigara içme arzusu, cinsel dürtüler ve benzerleri tatmin edilmeyi çok isteyip, o anki görevde dikkatinizi dağıtabilirler. Ancak bu tatmin çağrısı, caydırıcı yerine özendirici olması için yeniden ayarlanabilir. Bunun sırrı o andaki etkinliğinize alternatif olmadan, onu bitirince ödül olacak şekilde yeniden çerçevelemektir. Bu, üzerinde çalıştığınız şey ne olursa olsun somut bir amaç koyarak başarılabilir; belli sayıda sayfayı yazmak, evin belli bir bölümünü temizlemek veya belli bir görevi bitirmek ve ardından gözardı ettiğiniz arzunun tatmini ile kendinizi ödüllendirmek gibi.

[54] Tütünün uzun vadede sağlık için çok zararlı olduğunu biliyoruz, kafein ise bu durumda daha az zararlıdır.

[55] Kafeinin, tütünde olmayan olumsuz yan etkisi, aldıktan birkaç saat sonra gelen kaçınılmaz "çökme" dir. Bu açıdan, biliş üzerinde tüketici bir etkisi vardır ama bu etki gecikmelidir. Kafein yakın gelecekte bilişi azaltsa da şimdiki zamanda bağımsız haz sağlıyor olarak görülebilir. Ancak iyi ele alınırsa, motivasyon isteğine yardımcı olur - pek çok durumda - sakıncalarının çok önüne geçer.

Ortamınızı, kısa dönem tatmini gelecekteki bir ödüle çevirmek için ayarlamak çok yardımcı olur.[56]

Bu yöntem oldukça etkilidir ama tutumlu şekilde kullanılmalıdır; çünkü genellikle kişinin oldukça yoğun bir strese girmesine neden olur. Açlık gibi şeyleri yok saymanın da zararlı biyolojik etkileri olabilir. Bir görevin bağlı olduğu yönler, olumsuz etkilerini kaldırdığı mevcut etkinlik ve bir isteğin tatminini vaad eden etkinlik sonuçlarıdır. Etkisi, mevcut etkinlikten dikkati başka yöne çeken keyifsiz bir durumu, o etkinliği tamamlayabilmek için ek bir motivasyona dönüştürmek şeklinde olur.

Dikkat Kapasitenizi İzleyin

Amaçlarınıza ulaşabilmek için motivasyonunuzu akıllıca ayarlama deneyimlerinizde, sadece anlık motivasyon durumunuzun değil, aynı zamanda dikkat kapasitenizin farkında olmak çok önemlidir. Dikkat kapasiteniz gün boyunca yorgunluk, sindirim ve kan şekeri gibi faktörlerden de etkilenerek oldukça önemli şekilde farklılık gösterir. Bazı aktiviteler gerçekten büyük dikkat gerektirir: Örneğin, zorlu fizik problemlerini çözmek, ağır literatür okumak veya karmaşık bir uygulama programlamak gibi.

Eğer bir iş için ayıracak yeterli dikkatiniz yoksa, hiçbir motivasyon seviyesi size yardımcı olamaz. Ayrıca o iş, başarılı şekilde yapamayacağınız için kolaylıkla sıkıntılı hale gelebilir. Giriştiğiniz işte çok fazla dikkat kapasiteniz varsa onun da farkında olmak yararlı olur. İş, aşırı dikkat nedeniyle kolaylıkla sıkıcı hale gelebilir ve daha keyif veren bir şeye doğru zorlanırsınız. Bu noktada (müzik dinlemek gibi) tercihen keyifli bir etkinlik, bir tamamlayıcı eklemek veya daha katılımcı bir etkinlik arayışı sizin için iyi olacaktır.

Dikkatiniz için kapasitenizi izlemek pratik gerektirir, ama zaman içinde üstesinden gelebileceğiniz bir şeydir. Dikkatinizin farkında

56 Örneğin, iş alanınızın yemek yediğiniz veya sigara içtiğiniz alandan ayrı olması gibi.

olmak ve ona göre davranmak, yaptığınız işe yansır ven eden sıkıntılı olduğu konusundaki nedenleri belirlemenize yardımcı olur.

Güne Düşük Hazlarla Başlayın

Verimli ve karmaşık bir işe başlamak için en iyi zamanlardan biri uyandıktan hemen sonradır. Kişi genellikle sabah nötr bir keyif halinde uyanır (haz veya sıkıntı deneyimlemez) hatta uykudan kalan bir miktar hazzı hisseder. O zaman, tamamen (ya da kısmen) haz veren bir işe girişebilir; çünkü hala hazza katkı sağlamaktadır. İyi uyumuş olmaktan dolayı veya muhteşem bir güne uyanmak ile ek haz vermeyen işleri bile uygun şekilde, kolaylıkla üstlenebilir. Bu durumda, yapabileceği en kötü şeylerden biri çok haz veren, eğlendiren yararsız bir aktivite olarak TV izlemeye veya bilgisayar oyunu oynamaya girişmektir. Böyle bir şeyi birkaç dakika yapmak bile örnek oluşturacak ve daha az haz veren bir işe geçiş sağlamak oldukça zor olacaktır.

Uyanmak, nötr (veya biraz olumlu) bir haz durumuna iyi bir örnektir; ve güne yüksek haz veren bir aktivite ile başlamak, günün kalan kısmının anlamsız ve yüksek haz verici aktivitelerle geçeceği anlamına gelmez. Kişinin kendini doğal keyif haline getirmek için yapabileceği pek çok şey vardır - yürüyüşe çıkmak, duş almak, yemek yemek, uyku için kısaca kestirmek veya meditasyon gibi. Ancak günün başında haz veren bir aktivitenin yer almasının, tüm günün ölçüsüz serbestlik içinde harcanması olarak da yansıması seyrek değildir. Verimli ve çok haz vermeyen bir işe, coşkulu ve daha keyif veren bir işle giriş yapmanın her durumda kötü bir fikir olduğu sonucuna varabiliriz. Bu genellikle kişiyi başlangıçta amaçladığı iş karşısında cesaretsiz hale getirir ve tüm gün ertelemeye yol açabilir.

Sıkıntı içinde uyanan kişiler için - başları veya kemikleri ağrır veya genel olarak halsiz hissederler - güne üretken ama pek de keyifli olmayan bir aktiviteyle başlamak olasılıkla başarısızlıkla sonuçlanır.

Temel motivasyonları sıkıntılarından kurtulmak olabilir; ve bu durumda güne haz veren, kaygısız bir aktiviteyle başlamak en iyi plan olabilir. olabilir. (Bu, yorgunluk ve halsizliğe karşı eğlendirici, uyarıcı bir video izlemeyi, yürüyüş yapmayı ya da bedensel ağrıyı gidermek için sıcak bir duş almayı içerir).

Haz modülasyonu yöntemi, gelecekteki etkinliğin, haz teşvik ediciliğine bağlıdır. Bu durumun kökleri, az keyifli etkinlikleri sıkkın ya da nötr durumdaki kişilere daha çekici, fakat başka bir etkinlikten daha fazla zevk alan kişiler için ise itici yapan hazzın göreceliliğindedir.

Fiziksel Hatırlatıcılar Kullanmak

Hazsal bilinçdışının asi gelgitlerine rağmen bilinçli hedeflerinize ulaşmak için temel gereksinim, zihinsel durumlarınızın her birini, o durumda başarabileceğiniz verimli işlerle eşleştirmektir. Zihinsel durumlarımız sahip olduğunuz biliş ve dikkat kapasitesi ile o an hissettiğiniz haz veya sıkıntıdır. Ancak bunun için öngörülmeyen bir engel, hafızamızın bize bu alanda eşlik etmekte kasıtlı olmayan kusurudur.

Çoğumuz, pek çok acil işlerimiz aradan çekildiğinde, zamanımız, motivasyonumuz ve üretici bir şey yapabilme kapasitemiz olmasına rağmen, yapacak bir şey bulamayız. O fırsatı başıboş bir zamanla tükettikten sonra, yapmaya niyetlendiğimiz veya uzun süredir ihmal ettiğimiz bir çok daha az önemli iş ve zorunluluğu hatırlarız; konferans izlemek, bir e-mail yanıtlamak, yan bir proje başlatmak veya yaşam koşullarımızda önemli olmayan bir değişiklik yapmak gibi.

Pek çoğumuz için sorun, bazı önemli aktiviteleri zamanında yapabilmek için zihnimizin bize güvenilir bir şekilde uyarı vermemesidir. Şanslı bir şekilde çözüm çok basittir: Hafızamıza destek olmak için fiziksel çevremize hatırlatıcılar koymak (Hızlı bir kural olarak, eğer üretkenliğimizin dayandığı zihinsel bir görevi fiziksel bir aletle destekleyebiliyor veya yerine koyabiliyorsak, bu muhtemelen iyi bir fikirdir).

Bu durumda, kişinin evi veya iş yerinde belirgin bir yere yerleştirilmiş bir beyaz tahta bu işi mükemmel şekilde yerine getirir. Aklınıza geldiğinde istediğiniz veya ihtiyaç duyduğunuz her şeyi üzerine yazarak - ki gerçekten en düşük çabayı gerektirmektedir - gün bo-yunca bakmaktan kaçınamayacağınız bir dış hafıza yardımcısıdır. Yapacak üretken bir şey bulamadığınızda, beyaz tahtaya göz atıp önünüzdeki seçenekleri görebilirsiniz - beyninize eziyet etmekten çok daha kolay ve etkilidir. Ve daha da iyisi, üzerindeki yeni karala-malar istemeden de olsa dikkatinizi çekeceği için, verimli bir şey yapabileceğinizin farkında olmasanız bile kısa vadeli hedefleriniz için hatırlatma olacaktır - boşta kalmayı güçlü bir şekilde değerli bir kazanıma dönüştürür.

Ancak, beyaz tahtanız üzerinde sürekli bir hareketin olması çok önemlidir: Bu, eski işleri sildiğiniz (onları tamamladıktan sonra) ve yenilerini girdiğiniz anlamına gelir. Aksi takdirde beyaz tahtayı asla tamamlamayacağınız işlerle doldurursanız, kısa zamanda fark edilmeyen bir mobilya parçası haline gelecektir. Sonuçta çevrenizde içgüdüsel olarak dikkatinizi çeken şey yeniliklerdir ve tanıdık şeyler görmezden gelinir. Başka şekilde ifade edersek: Beyaz tahtanız en iyi şekilde kısa dönemli işler için kullanılır; uzun dönemli, sürmekte olanlar için çok yardımcı olmayacaktır.

(Beyaz tahta dışında aynı amaç için yapışkanlı notlar veya yapılacaklar listesi uygulaması da kullanabilirsiniz. Ama yapışkan notlar uzaktan okumak için çok küçük olabilir ve yapılacaklar listesi uygulamasını dijital bir cihazdan açmak gerekebilir ve bu da bir çaba gerektirmektedir. Dikkatinizi kolayca ve otomatik olarak çeken beyaz tahtanın buradaki en iyi aracımız olduğunu düşünüyorum).

Bu yöntem ilerideki bir etkinliğin haz-teşvik ediciliği ile ilgilidir. Üstlenmek için zorunda olduğumuz, ama aksi takdirde varlıklarını bile unuttuğumuz için onları yerine getirmeyeceğimiz, ilerideki etkinlikleri aklımıza getirir.

7 Öğrendiklerimizi Uygulamak

Artık kitabın başında verdiğimiz örneklere geri dönebilir ve yeni bilgilerimizle insanlara motivasyonel sorunlarda yardımcı olup olamayacağımız konusuna göz atabiliriz.

Erteleyen Kişi

Erteleyen Jim ile başlayalım. Hazırlaması gereken ödevini son dakikaya bırakmadan yazamaz ve bu ona büyük bir stres ve daha az nitelikli bir sonuç getirir. Peki, o zaman Jim'in motivasyonel sorunları nereye dayanmaktadır?

Bizim için öncelikle bilinmesi gereken şey, Jim tarafından ödevi yazma eyleminin belirgin olarak sıkıntılı olacağı beklenmektedir. Bu aktivite için korku seviyesi tam olarak belirlenemez ama şunu kesinlikle söyleyebiliriz: Eğer ödevi hazırlamak onun için yoğun sıkıntıyla dolu değilse bile, neredeyse tamamen hazdan tümüyle yoksundur.

Hareketin olumsuz sonuçları Jim'e onu sürdürmek için biraz motivasyon sağlar. Ama daha önce de belirttiğimiz gibi, son dakikaya kadar işi üstlenmezler ve öncelikle Jim'in ödevini tamamlamasındansa, yazmayı ertelemesine neden olurlar.

Bu işe başlamak için gerekli çabanın küçük olduğunu var sayabiliriz. Bilgisayarı ve Microsoft Word'ü açmaktan başka bir şey gerektirmez.

Bu sorunda çabamızı süreç ve sonuçlar üzerine yönlendiriyoruz; zira aktivitenin başlangıcını artık daha kolay hale getirmek için bir şey yapmak mümkün değil.

İlk olarak bilmek isteyeceğimiz, bu ödevi hazırlama sürecini veya Jim'in beklentisini en azından biraz keyifli hale getirmenin bir yolunun olup olmadığıdır. Bunun için, ilk olarak işi gerçekte olduğundan daha keyifsiz gösteren çeşitli faktörlere yönelmek uygundur. Böyle bir senaryoda kişinin iş için gerçekten ne yapması gerektiğini hayal ederkenki başarısızlığı caydırıcı olur. Çoğu kez kişinin büyük, örünürde aşılmaz bir iş karşısında veya onu yapamayacağı ile ilgili endişeli görüşü (veya kötü yapacağı ile ilgili) etkinliği fiziksel olarak olduğundan daha sıkıntılı olarak gösterir.

Bu, etkinliği başlamadan planlayarak ve küçük ve baş edilebilir (ve daha hayal edilebilir) parçalara bölerek çözülebilir. Jim, ödevi bölümlere veya başlıklara bölebilir. Bu, her biri için ne yapması gerektiği konusunda daha kolay plan yapmasında yardımcı olur. İşin küçük parçalarının değil tamamının karşısında duyabileceği gereksiz korku ve endişeyi ortadan kaldırmasını sağlar. Jim' in tabii ki her seferinde bir bölümü yazması işini fiziksel olarak daha zor hale getirmeyecek (belki bölümlere bölme ve planlama çabasını çıkartarak); aksine psikolojik olarak çok daha kolaylaştıraaktır.

Ardından Jim'e yazmaya kendini hazırlamak veya benzeri yanlış bir nedenle keyifli ve ya eğlenceli aktivitelerle başlamamasını önermemiz çok önemlidir. Bunun tamamen tersi bir etki yapacağını biliyoruz. Ek olarak, yazma sürecinin göreceli olarak keyifsiz bir iş olduğundan eminiz. Bunu görerek, Jim'e ödevini hazırlamak için iyi veya nötr modunda olmasını öneriyoruz (Ödeviyle çalışması için beyaz tahta kullanma seçeneği böyle dönemlerde ayrıca iyi bir fikir olabilir). Ancak Jim ödev hazırlamanın sıkıntılı görünmemesi için görece olarak her türlü şeyi yapsa da; gerçek, fiziksel yazma süreci açıkça keyifsiz kalıyorsa, işe az yarayacaktır.[57]

Yazma sürecinin doğal akışını veya Jim'in yazması gereken içeriği değiştirmek için hiçbir şey yapamayacağımız için, bu süreci daha zevkli hale getirmek için yardımcı yollar aramalıyız. Bunun tamamen Jim'in dikkatini gerektireceğini varsayarak, bu amaç için müziği kullanamayız. Burada Jim'in en iyi silahı kuşkusuz kafeindir. Ona ödev hazırlamakta deneyimlediği keyifsizlik karşısında yatıştırıp, yumuşatmak için keyif sağlar. Yazma aşamasına başlamadan ya da yazma çabaları sırasında kahve içmek bu nedenle oldukça tavsiye edilebilir ve etkilidir.[58] Ödevi bir arkadaşla hazırlamak süreci daha keyifli hale getirmek için başka bir büyük araçtır. Arkadaşın Jim'e ne yazacağı konusunda önerilerde bulunması işi daha kolay hale getirebilir.

Yukarıdakilerin tümünü uyguladığımızı varsayarsak, yine de Jim'in işini sadece nötr keyifli veya halen biraz sıkıntılı hale getirmiş olmamız muhtemeldir. Ama bu uygundur çünkü Jim'in hala, hareketin sonuçlarının alanında faydalanabileceği kullanılmamış motivasyon kaynağı bulunmaktadır.

Burada Jim'in kendine yapay olarak sonuç motivasyonu sağlayacağı çeşitli yollar bulunmaktadır. Bir arkadaşla bahse girmek (tek yönlü bir bahis olsa da) kesinlikle iyi bir şeydir. Ödevi erken tamamlamak için iyimser iddiada bulunmak veya sözler vermek ve kendini arkadaşlarının dikkatine sunmak da bir başka seçenektir. TV izlemek, arkadaşlarla bir araya gelmek, sarhoş olmak, cinsel ilişkiye girmek gibi ihtiyaçların engellenmesini de deneyebilir. Ardından bu ihti-

[57] Nötr veya keyifsiz bir aktiviteden hafifçe keyifli olana geçişte ve yüksek keyif veren bir aktiviteden daha az keyif verene geçişte önemli bir psikolojik fark vardır. Önceki durum uygundur; çünkü hazsal bilinçdışını zevkte görece bir kazanımla tatmin etmektedir. Diğer taraftan sonraki, bir keyfi diğeriyle değiştirmektedir ve hazsal bilinçdışı bununla tatmin olmaktansa, yine bu sıkıntıyı yok etmeyi isteyecek ve onu başka bir hazla değiştirecektir.

[58] Mutluluk, heyecan ve aşk gibi olumlu duygular da aynı şekilde kullanılabilir, ancak onlar güvenilir şekilde ulaşılabilir değillerdir.

yaçlardan birinin tatminini, belli bir oranda çalışmasının bitmesinden sonra ödül olarak kullanabilir.

Bu karışık motivasyonel faktörlerle Jim ödevi üzerinde teslim tarihi baskısı olmadan çalışabilir. Ancak bu bile yetersiz kalırsa, belki de son dakikaya bırakmak en iyi seçenektir, zira hiçbir şey yakın bir felaket kadar bu kişiyi çalışmaya motive etmek için yeterli olmayacaktır en azından bu belirli ödevde).

Ancak hala bahsedebileceğimiz bir konu var. Jim'in önerimize uyduğunu ve son dakikaya kadar ertelemeden ödevini yazması için yeterli motivasyonu sağladığını var saydığımızda; bu, ardından otomatik bir gelişme olacağı anlamına gelmez. Başladıktan kısa süre sonra Jim'in ödevi yazmaktan daha keyifli bir işe geçmesi ve ardından da işinin başına tekrar geçememesi olasıdır. Bir işe başlamak ve sadece beş-on dakika sonra bırak mamak için ısrar etmek de önemlidir. Bu soruna nasıl yönele ceğimizi tam olarak biliyoruz.

Burada kişinin süre giden etkinliğini daha keyifli bir etkinlikle değiştirmekten kaçınması için motivasyonunu ayarlamak ile ilgili özlü bir sorunumuz var. Bunun kişinin o anki aktiviteden keyif almasına ek olarak ondan vazgeçmenin sonuçlarının başka bir etkinliğin üç boyutunun - aktivasyon enerjisi, hareket ve sonuç - haz özendiriciliğini dengelediğini biliyoruz (bkz. şekil 3). Süre giden aktiviteyi olabildiğince keyifli hale getirmek, sonuçlarını mümkün olduğunca anlamlı kılmak için elimizden geleni yaptığımıza göre, geriye kalan tek seçeneğimiz her aktivitede bulunan keyif vaadini kesmektir. Neyse ki, Jim'in yukarıda detaylandırılan motivasyonel hileleri ödevini hazırlamaktan daha keyifli olan aktiviteler için uygulaması gerekmemektedir. Tek ihtiyacı kendini böyle aktivitelerden geri çekmektir.

Jim'in, daha keyifli aktivitelere geçmeden ödevinde inat etmesine izin verecek olan şey böyle aktiviteleri elinin altında bulundurmamasıdır. Böylelikle bu aktiviteleri başlatmak için gerekli çaba, çekici olmayan bir görünümdedir. Böyle aktiviteler için fırsatlardan yoksun bir ortamda çalışmak (örneğin, kütüphane, bodrum katı) başarmanın standart ve etkili yoludur. Ama bunun inzivaya yakın bir hale gelmesi gerekmez: Sıklıkla TV'yi veya interneti fişinden çekmek gibi basit bir şey kişinin görevini böylesine aktiviteler için terk etmesini engeller.

Böylelikle, Jim'le ilgili satırlarımıza son veriyoruz. Eğer önerilerimizi takip ederse, büyük ihtimalle başarılı olacak. Bizim onun için yapabileceğimizin en iyi şey bu.

Spor Salonuna Giden Kişi

Şimdi dikkatimizi spor salonuna gidip egzersiz yapmak için yeterli motivasyonu bulamayan Annemarie' ye yöneltelim.

Annemarie' nin durumu tüm üç cephede de motivasyonel problemler barındırmaktadır. Öncelikle spor salonuna gitmek için evden çıkması, oraya ulaşmak için belli bir mesafe kat etmesi gerekmektedir. Ne kadar yolculuk etmesi gerektiğini bilmiyoruz, ama her şekilde, şüphesiz önemli bir miktar çaba istemektedir. İkinci olarak ezersiz yapma süreci, en azından kısmen sıkıntı vericidir; çünkü fiziksel acıya neden olur ve monoton olma ihtimali de vardır. Üçüncü olarak egzersiz yapmanın sonuçları artık Annemarie için somut halde değildir. Spor salonuna her gün sebatla gittiği ilk birkaç haftada, en çok böyle çalışmanın istenen sonuçları nedeniyle motiveydi. Ancak bir süre sonra belirgin bir değişiklik fark etmeyince, sonuçların gerçekçi görünmesi ortadan kalktı ve yerine daha soyut, muhtemelen ulaşılmaz bir amaç halini aldılar. Esasen motivasyonunu kaybetti. Ek olarak, onun için antreman yaparkenki fiziksel etkinlik zaman içinde daha monoton ve keyifsiz hale geldi.[59]

[59] Aslında bir amaç için çalışma fikri, kişinin aktiviteden aldığı zevke katkıda bulunur. Heyecan ve amaç aşılar. Diğer taraftan aynı aktiviteyi soyut ve zayıf nedenler için yapılması gereken bir tür zorunluluk olarak görmek, tamamen tersi bir etki yapmaya eğilimlidir.

Annemarie'nin spor salonuna gitmesi için gerekli çaba, mesafe meselesi olduğu için hareketin gerektirdiği çaba miktarını azaltmak için fazla bir şey yapamaz. Ancak onun sıkıntısını azaltabilir. Spor salonuna giderken yolda müzik veya sesli kitap dinlemek, o yürüyüşü daha zevkli bir hale getirmenin harika ve standart bir yoludur. Yolculuğu bir arkadaşla yapmak da aynı etkiyi verecektir. Annemarie'nin yapabileceği başka şey de, spor salonuna gidişini başka bir neden için fırsat haline getirmektir (örneğin arkadaşının evinden dönerken spor salonunun önünden geçmek gibi). Veya yola çıkması için birden fazla nedeni olabilir (spor salonunun yanındaki marketten birşeyler almak gibi)

Onunki tek bir kerede bitirilecek bir görev olmadığı için, süreklilik bulunması nedeniyle, beyaz tahtaya yazmak etkisiz olabilir - bu yazılı hatırlatıcıya alışacak ve bir süre sonra onu görmeyecektir.

Egzersiz yapma sürecini daha keyifli hale getirmek için, Annemarie de, benzer kaynakların çoğunu kullanabilir. Spor yaparken müzik dinlemek kesinlikle süreci daha keyifli hale getirmeye yardımcı olacaktır, ama bunun da aktivitenin tümünü keyifli kılmakta yetersiz kalması olasıdır. Sesli kitap dinlemek bir hile olabilir, ama o da kişinin kesintisiz dikkatini gerektirdiği için, Annemarie'nin egzersiz yaparken dikkatini dağıtabilir ve gönülsüzce çalışmasına neden olabilir. Burada belki en iyi seçenek bir arkadaşla birlikte spor yapmaktır. Aktiviteye sosyal bir yön eklemek , onu keyifliden öte bir hale getirecektir. Bir başka seçenek egzersiz yapmanın monotonluğunu ve fiziksel rahatsızlığını gidermek için piyasada bulunan egzersize katkı mad-delerinden birini almaktır. Bunlar kimyasal madde içermeyen ilaçlardır (ve muhtemelen bazen fiziksel ağrıyı da keserler) Ancak bu tür ürünler kişinin uzun vadeli sağlığı için ne kadar tavsiye edilebilir, bilmiyorum.

Annemarie'nin spor yapmanın sonuçlarıyla ilgili ilk hevesini yeniden sağlayıp sağlayamayacağımız şüpheli görünmekle beraber - en azından o belirgin sonuçlar elde edene kadar - ona yine da başka yerden sonuç motivasyonu sağlayabiliriz. Eğer tavsiyemize uymuş ve bir arkadaşıyla birlikte spor yapmaya başlamışsa, bu başlıbaşına verimli bir sonuç motivasyonu kaynağıdır: O zaman spor salonuna gitmeyi ihmal etmek, arkadaşını da ihmal etmek anlamına gelir. Bu da daha sonra arkadaşının önünde tembel veya değersiz görünmemek için suçluluk ve utanç duygularını yükseltebilir. Eğer Annemarie, kendisiyle sıklıkla spor salonuna gidecek bir arkadaş bulamazsa veya bu arkadaş kendine yeterli motivasyon sağlayamıyorsa, kişisel eğitmenle çalışmak bir başka harika seçenektir. Kişisel eğitmen spor arkadaşı gibi görev yapar, sadece çok daha yoğundur. Diğer arkadaşlardan daha kızgın ve eleştirel olmaya yatkındırlar.[60]

Annemarie spor salonuna gideceğine dair biriyle bahse girebilir. Bu da, ek sonuç motivasyonu için iyi bir kaynaktır.

Annemarie spor salonuna gitmek için bir kez yeterli motivasyonu topladığında artık onun egzersizini bırakacağından ve daha haz dolu bir aktiviteye geçeceğinden çok endişe duymamıza gerek yoktur. Çünkü, salon oldukça uzaktadır ve tüm bu tür etkinlikler ulaşılabilir değildir. Ek olarak, eğer salona bir arkadaş ya da kişisel eğitmenle birlikte giderse, onlara haber vermeksizin veya karşılarında açıklama yapmadan çalışmayı ortasında bırakmak hiç de hoş olmayan bir seçenektir; zira epey olumsuz duygu yüklenebilir (endişe veya utanç gibi).

Sanırım bu senaryo üzerindeki her şeyi ele aldık. Burada, artık daha fazlasını yapamayız.

60 Kişisel eğitmenin sağladığı teknik ve fitness önerileri düzeni aynı zamanda oldukça değerli olabilir. Ayrıca planlı bir aksiyon çalışması, ek olarak kişinin belli bir zaman sonrası için beklediği sonuçlarla ilgili gözde canlandırılabilir bir çatı sunabilir.

Sigara İçen Kişi

Sigara içen John, özellikle ilginç bir vakadır. İnsanların pek çoğu bu durumun esasen diğer örneklerden farklı olduğunu düşünür, çünkü sigara bağımlılığı (en azından kısmen) fizikseldir. Diğer örneklerimizdeki sorunlar ise tamamen psikolojik olarak görülmektedir. Artık motivasyonun gerçek doğasının farkında olan bizlerin, bu ayrımın yüzeysel olduğunu bilmemiz gerekir.

Bir maddeye veya aktiviteye psikolojik olarak bağımlı olduğu söylenen kişi, onu sürekli haz arayışıyla ister. Fiziksel olarak bağımlı olduğu söylenen kişi (genelde her zaman maddedir) o maddeyi, ondan yoksun olduğunda bir şekilde sıkıntı deneyimlediği için arar. Bu ayrım tabii ki geçerlidir. Ama sonuçta hepsi haz ve sıkıntının geçerliliğini gösterir. Bu nedenle her ikisiyle mücadele etmek için de araçlarımızı kullanabiliriz.

John'un istenmeyen aktivitesinin başlangıcına yönelik, kendisi için sigara içmeyi başlatmayı fiziksel olarak zorlaştırma yöntemlerimizi uyguladığını gördük. Bir sigara bulmayı mümkün olduğunca zorlaştırmak için herşeyi yaptı. Fakat bu kesinlikle övgüye değer bir deneme olduysa da, yetersiz olduğu ortaya çıktı.

Peki, John'un motivasyonu nerede yetersiz kaldı? Sorun, sigara içmeyi başlatmak için gerekli çabada değildi, çünkü bununla başa çıkmıştı. Sonuç motivasyonu da eksik görünmüyordu, o da onu yapabildiği kadar sigara içmekten alıkoymuştu. Sigara içmek vaad ettiği haz ve hafifletmeye çalıştığı sıkıntı nedeniyle ona çekici geliyordu. Ancak, onu başlatmak için gerekli çaba ve olumsuz sonuçlarıyla ilgili düşünceler, dürtüsünü kenarda tutuyor görünüyordu. John'un sigarayı bırakma denemesi, sigara içmemekle ilgili sıkıntı ve sigara içme arzusunun işine engel olmasının, sigara içmemesine önemli sonuçlar eklemesiyle bozuldu. Bu, dengeleri bozdu ve sonuçta John yenildi.

John'un durumunu geliştirmekle ilgili ilk ve en açık adım, bırakma kararıyla ilgili olumsuz sonuçları kaldırmaktır. Ona işten biraz izin almasını, hoş vakit geçirmesini öneririz; böylelikle sigarayla mücadelesi için dikkati başka hiçbir şeyle dağılmayacaktır. Böylelikle, John'un sorununu hazzı aramak için sadece güçlü bir dürtüden (sigara içmek) ve sıkıntıdan (nikotin eksikliğinden) başka sorunlarla uğraşması gerekmeden azaltması gerçekleşebilir. Ancak o zaman bile dürtünün çok güçlü hale gelip, John'un tüm çabasına rağmen onu tatmin etmek için direnç gösterememesi ve tüm zararlı sonuçların ortaya çıkması riski vardır.

Tabii ki sigaraya ulaşmayı daha zor hale getirmek ve sigara içmenin sonuçlarını daha da arttırmak mümkündür; ama bu keskinlikle azalan yararlar getirecektir. Belki de John'u fiziksel olarak elde etmesinin mümkün olamayacağı, tamamen sigaradan mahrum bir ortama koymak yapılacak en iyi şeydir; ama bu genellikle olanaksızdır. Bu seçeneği dışarıda bırakarak, ikinci en iyi yaklaşım John'u haz veren başka aktivitelere sokmaktır.

John'un sigara içme dürtüsü, çeşitli şekilde karşılanabilecek haz is teği ve sadece sigara içmekle, ya da başka bir kimyasalla giderilebilecek nikotin eksikliğinden duyduğu sıkıntıdan oluşmaktadır. Sigara içmekle ilgili bu zorlantının ilk kısmı sigarayı haz veren başka bir şeyle değiştirerek tatmin edilebilir - müzik dinlemek, yürüyüşe çıkmak, yüzmek, smoothie içmek veya TV izlemek hatta kimyasal almak (kafein gibi).[61]

Öncelikle bu, sıradan kaynağından (sigara) aldığı hazzı yatıştırmaya yarayacaktır. Ayrıca anlık aktivitesini daha keyifli hale getire-

[61] Burada kişinin kaçınması gereken bir tehlike bulunmaktadır. Sigara içmek kişinin zihninde daha önceki aktiviteleriyle sigara içmesi sırasında veya sonrasındakilerle ilişkisel olarak bağlantıya geçer. Sonuç olarak böyle aktivitelere girişmek sigara içmesi için güçlü bir tetikleyici olacaktır ve bırakma girişimlerinde, sigaranın yerine asla bunlardan birini geçirmemelidir; zira onlar sadece arayışını arttırır. Örneğin; sigara içenlerin çoğu sigara ile birlikte kahve içerler - sigaranın yerine kafeini geçirmeyi kötü bir fikir haline getirir. O nedenle en iyisi sigarayı tamamen taze ve keyif veren, kişinin daha önce hiç denemediği bir aktiviteyle değiştirmektir.

rek John'un zorlantısının ikinci kısmını (sıkıntı) rahatlatmak için çevresel yararı olacaktır. Tıpkı bir annenin şefkatinin haz verici olması nedeniyle hasta çocuğun daha iyi hissetmesi ve ilgisini hastalığın ağrısından uzaklaştırması gibi; haz veren bir şey yapmak, John'un nikotin yoksunluğunda hissettiği sıkıntıyı yumuşatacak ve sıkıntıyı gidermek için sigara içme zorlantısını daha az istenir hale getirecektir.

John, ciklet ya da bant gibi nikotinin yerine geçecek bir tamamlayıcı kullanmak istemezse, ona verecek daha fazla tavsiyemiz kalmamaktadır. Sigara içmekten uzak dururken sıkıntısını atmak için bir şey yapamaz, aksine, içme dürtülerinden uzak durarak tahammül etmelidir. Ve eğer tavsiyemize bağlı kalır ve dayanmakta başarılı olursa, sıkıntı yakın sürede azalacak ve sonuçta yok olacaktır.[62]

[62] Eğer John nikotin yerine geçecek alternatiflerden kullanmayı seçerse, burada sıralanan yöntemler tamamen geçerli olacaktır ve bırakma çabasına ek destek sağlayacaktır. Nikotin yerine geçecek kaynakların tamamen sigaranın konmayacağını, kişinin bu ilacı her gün daha az dozlarda almasını sağlayarak bırakacağını belirtmek önemlidir. Eğer takip eden her nikotin bandı veya bir parça cikletin içinde giderek daha az nikotin olursa, kişinin sıkıntısını küçük parçalar halinde zamana yaymasını sağlayacaktır. Bu da başa çıkmayı daha kolay hale getirir. Ancak her geçen gün daha az sigara içerek bunu yapmak, önereceğim bir şey değil. Çünkü bu, her gün kişinin takdirinde daha çok sigara içme seçeneği bırakır. El altında olunca bir sigara yakmak kolaydır, ama ikinci nikotin bandını yapıştırmak o kadar kolay değildir. Eğer sigaralar tek silahınızsa, onları azar azar bırakmak yerine burada tarif edildiği gibi derhal bırakmak çok daha iyidir.

(2017 Ek): Bu kitabı 2013'te yazdığımdan bu yana, işi çok da kolaylaştıran yeni bir teknoloji çıktı: Vaporizatörler. Bunlar sofistike elektronik sigaralardır. Isıtıcı bir madde kullanırlar (etrafından elektrik geçen metal bir halka). Özel bir sıvı formülü (içinde nikotin ve baharatlar bulunan bir çözelti solunabilir buhar haline dönüşür ve kişi sigara yerine onu solur. Bunları kullanmaktaki strateji, nikotin bandı ya da ciklet kullanmakla oldukça benzerlik taşır. Kişi, yüksek oranda nikotin içeren bir sıvıyla başlar ve artık hiç nikotin almayacağı zamana kadar yavaş yavaş onu daha az nikotine çevirir. Bu cihazlar oldukça etkilidir ve milyonlarca kişiye oldukça kısa sürede sigara bırakmalarında yardımcı olmuşlardır. Nikotin ve sigara içme hareketiyle gelen fiziksel keyfi sağlarlar- kullanması neşelidir ve pek çok aroma içerirler (ciklet kötü tat verebilir veya bandın hazzı nötrdür). Ancak sigarayı bırakmak için vaporizatör kullanırken kaçınılması gereken önemli bir tuzak bulunur. Bu da ona ek olarak bir ya da iki gerçek sigara bulundurmaktır. Vaporizatör sigara arzusunu ortadan kaldırmaz. Kişinin gerçek sigara içmek arzusu geçene kadar onun yerine yapması gereken bir şeydir. Sigaralarla birlikte başarılı şekilde kullanılamaz. Bu, sigaranın iki kat fazla içilmesine neden olur.

Sigarayı bırakmayı ulaşılabilir bir hedef yapan tamamen içme isteğinin zamanla birlikte azalmasıdır (kaçamak yapılmazsa). Görmezden gelindiği zaman boyunca, cinsel istek gibi güçlenirse, onu bertaraf etmek için tüm denemeler yetersiz olacak ve ona karşı koymak için büyük bir çaba gerekecektir.[63]

Ancak sigara için olan dürtü genellikle geri gelir ve bir tane yakmakla sonuçlanır. Aylardır, yıllardır sigara içmeyen (hatta istememiş olan) eski sigara kullananlar dikkatsizce bir sigara yaktıklarında bile eski arayışlarının tüm gücüyle geri döndüğünü - ve bağımlılıklarının nüksettiğini - görürler.

Sigarayı bıraktıktan sonra tabii ki çözüm tekrar eski haline asla dönmemesi için bu duruma bağlı kalmak, başka bir sigaradan kaçınmaktır. Bu, başka şeyler gibi yukarıda listelenen motivasyonel teknikleri kullanarak başarılabilir - en güçlüsü kişi için sigaraya ulaşmayı mümkün olduğunca zor hale getirmektir (bu da asla paket almamak ve asla istediğinde bir sigara yakmamaktır).

Bilgisayar Oyuncusu

Bilgisayar oyuncusu Junseo oyunuyla tamamen büyülenmiştir ve neredeyse oyun oynamaktan başka bir şey yapamamaktadır. Oyuna tam bir psikolojik bağımlılık gösterdiğini söyleyebiliriz (onu oynamaya çeken haz arama zorlantısıdır); ancak bu bağımlılık sadece altı gün sürer. Sadece altı gün sonra Junseo'nun oyundan vazgeçebilmesinin nedeni, o altı gün içinde oyunu bitirebilmesidir. Ardından oyun ona aynı heyecanı vermez, çünkü artık ulaşılacak bir hedef, yeni bir seviye sunmamaktadır.

Motivasyon hakkındaki bilgimizle güvenerek tahmin edebiliriz ki, eğer Junseo'nun oyunu bitirmesi on iki gün sürseydi bu, sonuçta onun oynayacağı süre ve bağımlılığının süreceği zaman olurdu.[64]

[63] Seks ile ilgili böyle girişimler akut psikolojik rahatsızlıklara neden olabilir.

[64] Bilgisayar oyununa geçici bağlanmanın bu zaman diliminde veya daha uzun bir süre sürdüğü ve kişinin oyundan sıkılmasıyla (oyunu kazanarak veya başka şekilde) biten pek çok benzeri vaka bulunmaktadır.

Eğer oyun belirsiz bir sona kadar ilerleyebilseydi veya bunu yendikten sonra Junseo'nun ulaşabileceği pek çok benzeri heyecanlı oyun bulunsaydı, oyuna bağımlılığın veya genel olarak oyunlara bağımlılılığın sınırsız şekilde süreceğini söyleyebilirdik.[65]

Her durumda, bilgisayar oyunu ile kısa bir süre bile baş başa kalmanın Junseo için güçlü bir psikolojik bağımlılık oluşturmasını, altı gün için olsa da garip buluyoruz. Ancak şimdi bağımlılık sözcüğünün, özellikle psikolojik bağımlılığın ne kadar yüzeysel olduğunu fark etmeliyiz. Sonuçta Junseo'nun geçici bağımlılığının köklerini tanıyoruz: Kökenlerini tüm insanlarda biyolojik olarak bulunan haz ihtiyacından almaktadır. Aslında tüm insanların doğal ihtiyacı: Hazza olan düşkünlüktür. Haz sadece ağırlıklı olarak tek, sağlıksız bir kaynaktan edinilirse - Junseo'nun bilgisayar oyunlarında olduğu gibi - onu geleneksel olarak bağımlılık olarak etiketlendiriyoruz.

Junseo'nun motivasyonel sorunu, oyunu oynamanın ona fazlasıyla zevkli gelmesidir.

Kitapta daha önce de sözünü ettiğimiz gibi böyle bir bilgisayar oyunu bağımlılığının üstesinden gelmek için bir yol, oyunları uzağa saklamak, kişiyi oyuna başlamak için büyük bir çabaya sokmak olabilir. Bu da Junseo'nun durumunda tamamen geçerli ve böyle bir şey yapmak, bırakması için neredeyse en iyi alternatif. Tabii ki Junseo oyunu yendiği için sonunda bırakıyor. Bağımlılık yaratan bir bilgisayar oyununu bırakmak için bu da ayrı bir yoldur, ancak hedefe ulaşılana kadar çok zaman kaybı ve çaba gerektirir.

Bu durumda uygulanabilecek başka bir teknik eklemek istiyorum. Saklanan dosyayı silerek, iyi bir bölümünü bitirdikten sonra (belki çeyreği, belki yarısı, belki % 75'i) oyuna baştan başlatmak. Artık oyunla ilgili beklenti sadece haz verici olmaz. Heyecanlı, yeni bö-

65 Yani, en azından bağımlılığıyla ilgili güçlü bir psikolojik nefret (utanç, suçluluk) deneyimleyene veya onu oyundan alıkoyan belirgin bir durum değişikliği geçirene kadar (kendi isteği ya da başka nedenle)

lümlere ulaşmak (daha ulaşılmamış olanlara) eski veya ilginç olmayan ilk bölümleri tekrar oynamayı gerektirmektedir. Oyunun ilk bölümlerinin saatler hatta günler sürebilecek sıkıcı tekrarının korkusu, heyecanın ve sonraki kısımlarda vaad edilen yeni bölümleri bastırabilir. Ek olarak, oyun dosyasını kendini oynamaktan korumak için bilerek silmiş olmak, eğer pes eder ve yenisine başlamaya karar verirse utanç ve/veya suçluluk duygusu uyandırmak için fırsat yaratacaktır (oyundan caydırmak veya ortasında bırakmasına neden olmak için).

Oyunu tamamlamanın kişileri sıklıkla benzer başka bir oyuna yönlendirdiğini not etmek önemlidir. Sonuçta haz alma dürtüleri hala oradadır. Sadece şimdi bu belirli oyun onu karşılama olasılığı sunmamaktadır. Sonuçta oynanmış olan oyun artık kişinin zihnini meşgul etmeyecektir ve aynı tatminde, benzeri bir zevk aramak için olan motivasyonu ortaya çıkar - ilk oyunda keyfi almak için gerekli motivasyon güçlü olduğu için, onun yerine gelecek güçlü bir şey arayacak ve büyük ihtimalle başarılı olacaktır. Eğer ilk oyun yarı yolda kesilirse, motivasyonel manzara tamamen farklı olur.[66] İlk oyun, keyif arzusuyla kişinin zihnini meşgul etmeye devam edecektir ancak sözü edilen caydırıcılar nedeniyle uzak kalacaktır. Ardından yeni bir oyun bulma ihtimali ile eskisini yeniden yükleyip oynamak kişiyi aşağı yukarı eşit şekilde zorlayacaktır.[67] Ve olasılıkla hiçbirini seçmeyecektir.

[66] Motivasyon ile ilgili düşünürken kişiye hoş gelebilecek tüm aktiviteleri, kendisinin ortada olduğu düz bir manzarada çevredeki tepeler olarak hayal etmesini yararlı buluyorum. Her tepenin yüksekliği aktiviteden alınan hazla orantılıdır ve kişinin her bir tepeye olan uzaklığı aktiviteye başlamanın ne kadar zor olduğunu belirtir. Kişi tabii ki tepelere tırmanmak ve zirvelere çıkmak isteyecektir. Haz almak için kişinin çekildiği tüm aktiviteleri ve böyle bir motivasyonel manzarada bunlara ulaşmanın kolaylığının imajinasyonu ile kişi sıkıldığında önce hangi etkinliklerin cazibesine kapılacağını ve bunun değişmesi için en iyi yolları kolaylıkla görünür kılar (bu da tepelerin bazılarını keserek veya onları daha uzağa taşıyarak olur).
[67] Düşünceleri şu çizgiler arasında olabilir:"Yeni bir oyun bulmak yerine eskisini yeniden başlatabilir ve bitirebilirim; çünkü benim asıl istediğim o.")

Bu şekilde, kısmen tamamlanmış bir oyunu baştan başlatmak için kendini sınırlamak, kişiyi böyle oyunların tümüne karşı etkili şekilde telkin etmiş olur. Oyunu ulaşılamayacak bir yere saklamak da aynı etkiye sahip olacaktır. Sonuçta her ikisi de oyunu oynamaya benzer bir engel sağlar. Her durumda kişi kendisine ilginç gelen yerden oyunu tekrar başlatmak için zaman, alan, çaba gerektiren ve sıkıcı bir şey yapmalıdır. Böyle durumları ele almak için bunlar en etkili tekniklerdir. Ama motivasyonun çevresel kaynakları her zamanki gibi kişinin ilk çabalarına yardımcı bir katkıdır.

Uyuyan Kişi

Son örneğimize geldik: Uyuyan Tom. Zararlı bir davranış karşısında tersini yapmaya çalışırken güçlü bir zorlantıyla boğuşmak yerine, en temel biyolojik fonksiyonlardan biri olan uykuya olan aşırı ihtiyacının farkedilmeden rahatlatılması ile Tom'un durumu diğerlerinden farklılık göstermektedir.

Tom'un durumunu anlamak için öncelikle kişinin uykusunun psikolojik olarak bağımsız biyolojik bir saat tarafından belirlendiği, her gün yedi-sekiz saate ayarlı olduğu ve sürekli olarak daha kısa ya da daha uzun uyuyan birinin psikolojik, ve biyolojik bir rahatsızlığa yakalanacağı basit görüşünü terk etmeliyiz. Uyku da diğer davranışlar gibidir ve hazsal bilinçdışının tüm prensiplerine bağlıdır. Sonuçta uyku keyif verici değil midir? Keyifsiz gelen yorgunluğu gidermez mi?

Uyku, yorgunluk olmadan bile keyiflidir. Ama öncelikle, Tom'un aşırı uykusundan sorumlu olup olmadığı konusunda yorgunluğun psikolojisini inceleyelim. [68]

[68] Aşağıda yer alan yorgunluğun dinamikleri ile ilgili analiz ve altında yatan psikoloji ilk defa 2017 yılında eklenmiştir - daha sonra bunun aşırı uyuma vakalarının çoğunun ardındaki diğer tüm faktörlerden fazla, öncelikle ilk (tek olmasa da) neden olduğunu fark ettim.

Pek çok kişinin fark etmediği şey, yorgunluk hissinin sadece tüm gün boyunca uyanık kalmanın sonucu olmadığıdır. Aksine çok özel bir tetikleyici ile son derece farklı bir psikolojik fenomendir - ve o tetikleyici de, kişinin kendisini tamamen sıkıcı, zevksiz veya monoton olan bir şeye dikkat etmeye zorlamasıdır. Zaten bildiğimiz gibi hazsal bilinçdışı tam olarak da böyle şeylerden dikkatinizi dağıtmak için çabalayacaktır; ama sıklıkla dikkatinizi sabit tutan başka bir motivasyon kaynağınız olacaktır (genellikle sonuç motivasyonu). Onu reddeden bir şeye dikkatinizi odaklamak bu iç mücadeledir - daha keyifli bir şeye kaçmadan gönüllü olarak sıkıcılığa katlanmak - ve bu da doğal olarak yorgunluk hissi uyan-dırır.

Diyelim ki, sıkıcı bir yere gelmiş bir kitap okuyorsunuz ama kendinizi başka heyecanlı bir bölüme ulaşmak için zorluyor ve okumaya devam ediyorsunuz - bu sizi aşırı derecede yorgun yapacaktır. Diyelim ki, konferanstasınız ve hoca isteksiz bir şekilde mırıldanıyor ama içerik sınavda çıkacağı için dinliyorsunuz - muhtemelen oturduğunuz yerde uyuya kalırsınız (özellikle çok sıkıcı bir konuşmada tamamen dolu salonun neredeyse yarısının uyuya kaldığını sıklıkla gözlemledim). Veya diyelim ki, bir hiptonizmacının ofisindesiniz ve altın cep saatini karşınızda monoton şekilde sallamasını izliyorsunuz. Başka yere bakamazsınız, aksi takdirde bu korkutucu adam gözlerinizi ayırdığınız için sizi azarlayacaktır - onun da istediği gibi aşırı şekilde yorgun düşersiniz (Yakın zamanda gittiğim bir balina izleme turunda, neredeyse teknenin tamamındaki iyi dinlenmiş altmış yolcunun bir saat boyunca sallanan okyanusa monoton şekilde bakıp, her beş-on dakikada bir beliren kambur balinayı beklerken uyuya kaldıklarına tanık oldum). Hipnotizmacıların gizlice kullandığı insan zihninin bu az tanınan tarafıdır. Yoğun bir yorgunluğa neden olmak için -boş, konusuz bir konuşmayı yavaş ve monoton sesle yaparak, insanların ritimsel harekete veya cansız bir objenin tamamen sessizliğine odaklanması, ya da elliden geriye sayması gibi - düşüncesiz, sıkıcı bir iş yapmalarını sağlamaktır.

Aynı şey Tom'un fazla uyuması için de sorumlu olabilir. Eğer Tom'un günlük rutini onu yukarıdaki şekilde yoruyorsa, uyuması gerekenden fazla uyuyacağı neredeyse garantidir. Bir başka benzer aday da Tom'un işidir. Bildiğimiz gibi kişi-nin bir aktiviteden aldığı haz, büyük oranda ona dahil olabilmesine bağlıdır. Gün içinde herhangi bir nedenle dikkat kapasitesi azaldıkça, zihinsel bir işe girişme yeteneği de azalacaktır. Tom'un evden bilgisayarıyla çalıştığı düşünülürse, dikkat kapasitesi artık kaldırmasa da kendini çalışmaya zorlayabilir ve süreç sıkıcı, zorlu hale gelir. Bu da onu tabii ki çok yorgun hale getirir ve ne kadar çok mücadele ederse, daha çok yorulacaktır. En azından o an için zihinsel olarak çok güç hale gelmiş entelektüel bir görevi başarıyla yürütmeye çalışmak kadar psikolojik olarak yorucu bir şey yoktur.[69]

9-5 saatleri arasında ofiste çalışanlar da aynı koşullar altında yorgunluk deneyimlerler. İş yerlerinde uyuya kalma fırsatları olmadığı için, çalışırken yorgunlukla baş etmek için başka yollar bulurlar (genellikle kahve ile) ve iş günlerinin sonunu daha az verimli şekilde getirirler (Veya teslim tarihi olan bir iş verildiğinde, onları uyanık tutan endişeleridir).

Diğer yandan Tom yatağından neredeyse bir taş atımı uzakta çalışırken, kendi zamanlamasını yapabiliyorken; yorgunluğuna uyku ile tatmin etmesine hiçbir engeli yoktur - bu nedenle de işini de aralarda şekerlemelerle birkaç saatlik bölümlere ayırabilir ve uykusuyla silinen zamanının farkına bile varmaz (Hiçbir şey yapmadan, her gün, Sefiller'i bitirene kadar okumaya karar verdiğimde, kişisel olarak benzeri bir şey deneyimledim. Deneyi iki ya da üç gün sonra bırakmam gerekti; zira birden kendimi günde on dört saat uyur halde buldum. Kitap birkaç saatten fazla dikkatimi çekmiyordu ve bu süreyi uzatmaya çalıştığımda uykunun gücüne karşı koyamıyordum). Eğer Tom ve işiyle ilgili durum buysa veya başka bir kaynaktan gelen yorgunluk uyku için itici güç oluyorsa yorgunluğun

[69] Ve bu evrimsel olarak çok anlamlıdır. Sonuçta kişinin dikkat kapasitesini tazeleyen uykudur ve bu da onun zihinsel olarak işe katılım yeteneğini yeniler.

nedeni işi, boş zamanı, beslenme alışkanlıkları da olsa (aşırı yemenin yorgunluk için genel bir neden olduğunu biliyoruz, en azından kısmen çünkü beyinden kan akışını değiştirerek, kişinin dikkat kapasitesini kısıtlar) - Tom'a kendisini yorgun düşüren şeyleri gözlemlemeye başlamasını, keyifsiz hale geldiklerinde onları yapmayı bırakmasını, yukarıda sıralanan motivasyonel tekniklerle onları daha keyifli hale getirmesini, ya da yorgun hissettiğinde evden çıkmasını önerebiliriz. Böylelikle yatağa geri dönme seçeneği ortadan kaldırabilir.[70]

Ama Tom'un hareketsiz yaşam stili, kendisini farkında olmadan hipnotize edip uyutan, sonuçta günde on bir saat pinekleten bu uyutucu faktörlere gereksinim duymaz. Yorgunluk olmadan da uykunun tek başına keyifli olması gerçeği, Tom'un buna göz yummasına neden olur - bu, sıkıntıyı kaldırmaya zıt olarak keyif almak için bir yoldur. Yorgunluğun belirgin bir kaynağı olmaması halinde,

[70] Ek olarak Tom - tamamen fiziksel - yorgunluğun diğer çeşitlerini not etmelidir: (1) beden yorgunluğu ve (2) göz yorgunluğu. Zihin yorgunluğu diyebileceğimiz yorgunluğun ilk tipi gibi, en iyi şekilde uykuyla giderilen farklı bir sıkıntı hissi yaratır. Bu nedenle uykuya yönelik güçlü bir motive edicidir. Beden yorgunluğuna kişinin kaslarının aşırı yorulması neden olur - herhangi bir kas - ek bir hareketle ağrı yaparlar ve kişiyi hareketsiz halde dinlenmede kalmaya teşvik ederler. Bu da genellikle uykuya yol açar (Tom'un durumunda sorunun bu olması olası görünmemektedir çünkü zamanının çoğunu evde geçirmektedir. Ancak spor salonuna gittiğinde kendini aşırı yorarsa, aşırı uyumasına katkıda bulunan bir faktör olabilir. Bu durumda, Tom'a kendini sıkıntıya sokmamasını veya doğal olarak uykuya dalabilmek için sadece günün sonunda böyle yapmasını tavsiye edebiliriz). Bir başka fiziksel yorgunluk türü, göz yorgunluğu fazla çalışma veya onları zorlamaktan kaynaklanır - parlak ışığa uzun süre maruz kalmak (güneşten veya bilgisayar ekranından), yorucu optik işlere girişmek (çok küçük puntolarla yazılmış bir baskıyı okumak veya başkasının göz-lüklerini kullanmak) veya sadece kişinin gözlerini uzun gün boyunca kullanması. Sonrası kişinin sadece yatıp, gözlerini dinlendirmek istemesine neden olan gözlerinde yanıcı veya ağrılı bir his, veya göz kapaklarında ağırlıktır ki, neredeyse her zaman uykuya neden olur (Bu, Tom'un yorgunluğunun ana nedeni olabilir. Ancak öyleyse, oldukça fark edilebilir ve kolaylıkla onarılır - yeni bir gözlük almak, perdeleri asmak veya bilgisayar ekranını karartmak gibi). Hipnozcular bu tip yorgunluğu da geniş olarak kullanırlar - kişiyi bir kolu kaldırmak ve orada birkaç dakika kaldırmış halde bırakmak, veya gözlerini tam olarak önlerinde olmayan bir şeye odaklandırmak, başlarını hareketsiz tutup sadece gözleriyle takip etmek gibi (bu da gözlerde büyük bir gerginliğe neden olur). [2017 eklemesinin sonu]

bunun Tom'un sıklıkla yapma ihtiyacı için ana motivasyon olduğunu varsayabiliriz.

Tom'un motivasyonel manzarasına bir göz atacak olursak, hangi koşulların onu tüm diğer keyifli aktiviteler yerine uykuya ikna ettiğini görebiliyoruz. Tom'un reddedilemeyecek şekilde en büyük sorunu, uykunun onun için çok kolay erişilebilir olmasıdır. Günün büyük bölümünde dairesinde geçirdiği tüm zamanda, yatağı yanı başındadır. Ne yaparsa yapsın, onun yerine sürekli kendini "yatağa gömülme " seçeneği bulunmaktadır. Böyle yapmak Tom tarafından fiilen hiç bir çaba gerektirmez. Bu da tamamen aktivasyon enerjisi gerekmeyen bir etkinlik olduğu anlamına gelir.

Tom için uyku keyifli, başlamak için çaba gerektirmeyen ve neredeyse her zaman elde edilebilirdir. Ama bu tek başına onun her gün uykuya fazladan üç saat ayırmaya mahkum etmez. Aynı koşullarda yaşayan pek çok insan bulunmaktadır; ancak aynı davranışı göstermemektedirler. Fark, Tom'un sonuç motivasyonunda yorgunluğun temel suçlu olmadığını varsaymakta yatıyor. Tom'un durumunda uykunun dikkate almamız gereken bir motivasyonel yönü de budur. Onun da uykuya karşıt değil aksine yararına çalıştığını kolaylıkla görebiliriz.

Öncelikle Tom'un fazla uyku saatleri sayıldıktan sonra bile, tüm zorunluluklarını yerine getirmek, çeşitli aktivitelere katılmak ve ayrıca kendisi için harcaması için yeterli zamanı olacaktır. Tom'un aşırı uykusunun fiziksel sonuçları yoktur. Ona zarar verecek, incitecek onu uykudan alıkoyacak endişe veya yatağından zorla çıkartacak bir şey yoktur. Tom, fazladan zamanını uyuyarak öldürdüğü için biraz utanç hissediyor olabilir - sonuçta bilinçli olarak durumu reddetmektedir - ama bu uykunun ona verdiği fiziksel hazzın üstesinden gelmek için yeterli olumsuz etki sağlamaz.

Uyku karşısında Tom'un son önemli motivasyonu, yarar maliyetidir:

Uyumak yerine, aynı zamanlarda başka etkinliklere yatırımda bulunabileceği şeylerdir. Tom'un tutkunu olduğu veya heyecanla yaptığı, uykudan daha çok değer verdiği çok etkinlik bulunmamaktadır. Ancak öyle yapsa bile kaçınılmaz olarak böyle tüm bu aktiviteler yatağa çekilmekten belirgin şekilde daha fazla çaba gerektirecektir. Onlarla meşgul olmak seyahat etmek, evden çıkmak, başka çeşitli çabalar gerektirecektir. Yatağa gitmek ise sadece tek bir çaba gerektirmektedir ve - en azından o konumda - çekici bir alternatif olmaktadır. O nedenle uyku Tom için en kolay keyif alınır aktivite olarak kaldıkça, yaşamında güçlü bir destek olarak kalmaya da devam edecektir.

Peki, bu duruma nasıl çare olmalıyız? Tom'un uykuya daha az başvurmasını ve mümkün olduğunca çabuk uyanmasını istiyoruz. İlk seçeneğimiz uykunun fiziksel sürecini daha az keyifli hale getirmek - Tom'un yatağını yerde ince bir mat ile değiştirmek veya nevresimlerini kaba, batan veya kötü kokulu olanlarla değiştirmek; ya da yastıklarını daha sert, küçük, daha rahatsızlık verenlerle değiştirmek veya yastıkları tamamen uzaklaştırmak gibi. Aşırı vakalarda işe yarasa da sakıncaları, yararlarına ağır basabilir. Daha az rahat olan bir yatak Tom'un gece uykusunda daha az dinlenmesine neden olabilir, bu da daha az değil, daha çok uykuyla sonuçlanabilir. (Aslında, yeterli dinlendirici uyku uyumamak - fiziksel, zihinsel veya biyolojik nedenlerle - Tom'un aşını uyumasının öncelikli nedeni olabilir).

İkinci seçeneğimiz yatağa girmenin daha çok çaba gerektirmesidir. Örneğin Tom'a yatağını karman çorman bırakmasını önerebiliriz. Böylelikle yatmadan önce düzeltmek için zaman harcaması gerekecektir. Ya da yatağını üst bir ranzaya koyabilir. O zaman yatmak için tırmanması gerekir. İnmesi daha da zor olacaktır. Ama her sabah yatağını dağıtmak başlı başına bir çaba gerektirecektir ve yatağına tırmanmasını daha zorlaştırmamız halinde inmesi daha da güç olacaktır. Hayır, buradaki en iyi çözümümüz Tom'un yaşam koşullarında şiddetli bir değişiklik yapmaktır.

Tom'un özellikle yatakta daha az zaman geçirmesini sağlamaktansa, aynı sonuçları Tom'un evinde daha az zaman geçirmesini sağlamakla da başarabiliriz. Temel yöntem aynıdır: Tom'un evini yaşamak için daha keyifsiz hale getirmek. Tom'un bir devasa sorunu da, aradığı keyiflerin uyku dışında olanlarının da yatakta elde edilebilmesidir: Daha önce de belirttiğimiz gibi boş vakitlerinin çoğunu yatakta okuyarak veya TV izleyerek geçirmektedir. Kötü olan bu aktivitelerin direkt olarak uykuya yöneltmesidir - onlardan sıkıldığında - uyku sahip olduğu en kolay, en rahat bulunur ve en keyifli seçenektir. Böylesi keyifleri Tom'un evinden çıkartmak, hazzı başka yerde aramasına ve kolaylıkla yatağına dönmesine izin vermez. Tom'un dairesi hazsal bilinçdışını daha az uysalca tatmin ettikçe, daha fazla zamanını dışarıda geçirecektir.[71]

Tom'un TV'sinden, kitaplarından kurtulursak (en azından onları okumak için olan aydınlatmasından) ya da evde uygun haz veren ne varsa kovalarsak, tek başına kalmış uyku aktivitesi böyle çekici bir halde olmayacaktır. Zira, kendini onu rahatlatan tüm ek etkinliklerden uzak tutmuş olur ve uykunun toplam hazzı oldukça azdır. O zaman uyku ile haz veren diğer etkinlikler karşı karşıya gelir, ve Tom aralarında seçim yapmaya zorlanacaktır. Bu çözüm Tom'u evden çıkartmak için yeterli olsa veya olmasa da, ona her koşulda yatağında çalışmama tavsiyesinde bulunabiliriz.

Zorunda olmasa da Tom için, ofise veya kütüphaneye gitmek için evini terk etmek zorunda olması, onu günün büyük bölümünde yataktan

[71] (2017 Baskısı): Bunu ilk yazdığımda hakkında hiçbir şey bilmediğim bir başka faktör yatış şekliydi - bu yatay biçimde olmak - kişinin zihninde özel bir psikolojik etki uygular, onu bir şekilde oturmanın, ayakta durmanın veya yürümenin asla yapmayacağı şekilde yorgun olmaya, gözlerini kapatmaya, uykuya sürüklenmeye müsait kılar. Örneğin yatakta yatarken sıkıcı bir kitap okuyorsanız, yoğun şekilde uyuklamaya hipnotize olacaksınızdır. Ama kitabı masanızda otururken okuyorsanız, hipnotik etki çok daha az olacaktır (Eğer kitabı ayakta okursanız, bu etki tabii ki yine daha zayıf olacaktır, ve eğer yürürken yaparsanız daha da zayıf hale gelecektir). Buradaki temel tavsiye yatakta yatarken sıkıcı, çaba gerektiren veya keyifsiz aktivitelerden (ya da sıkıcı, çaba gerektiren, sıkıntı verebileceklerden) kaçınmaktır.

uzak tutacaktır. O iş yerinin önemli bir mesafede olması, küçük bir şekerleme amacıyla eve kaçamak yapmak için gitmesini çok yıldırıcı kılacaktır. Kendisini evden çıkartacak başka mecburiyetlere girmek de benzeri bir etki yapar. Parasını baştan verdiği, bırakamayacağı bir kursa kaydolmak, bunu başarmakta kesinlikle işe yarar. Tom'un dairesinden tamamen, başka bir mahalleye taşınması - tercihen oda arkadaşları veya kız arkadaş ile de yardımcı olabilir. Bunun çifte yararı olabilir. Davranışının diğer insanların gözlem konusu olması ve - evinde olsa bile yatağı olmadan bulduğu hazır insan kaynağı ile hoşça vakit geçirmek.

Bununla birlikte Tom'a verebileceğimiz en iyi tavsiyeyi verdiğimizden emin olabiliriz. Vakayla ilgili kitabın bu bölümünü kapatabilir ve bölümü toparlayabiliriz.[72]

[72] Tom'un uykuya olan düşkünlüğüyle ilgili tabii ki görmezden geldiğimiz diğer faktörler de bulunuyor. Tom'un yaptığı gibi kronik olarak aşırı uyumanın kişiyi dinlendirmek yerine daha fazla yorgun hale getirdiği kesinlikle doğrudur ve ertesi gün, daha ertesi gün, kendini sürekli kılan bir döngüyle aynı miktarda uyumasına neden olur. Bu döngüyü zorla birkaç gün boyunca düzenli şekilde uyuyarak kırmak Tom'un durumuna çare olabilir. Bu doğruyken, Tom'u bu döngüye başlamaya iten nedenlerin aynı kalması büyük yarar sağlamayacaktır - bu döngüyü kırmayı başardığında,durumu onu kaçınılmaz olarak o bir kaç ekstra saati uyumaya itecek ve döngüyü baştan başlatacaktır.
Tom'un dışarıdan gelen çevresel faktörler yerine genetik eğiliminin yapısı nedeniyle, ortalama bir insandan daha yoğun yorgunluk hissetmesi doğaldır. Tabii ki bu da hazsal bilinç dışının prensipleriyle onun başkalarından fazla uyumasına neden olur. Bu durumda, yorgunlukla yarışan diğer olumsuz etkileri - işe gitmek, toplantıya girmek veya diğer zorunluluklarla ilgili endişe gibi - olduklarından yoğun olanlar ve çoğu zaman ortaya çıkanları düzenlemek gerekir. Ama o zaman bile zorunluluklar gevşediği zaman, Tom yeniden aşırı derecede uyumaya doğru çekilecektir. Eğer gerçekten genetikle ilgiliyse Tom'un ortalama bir insandan daha fazla uyuması kaçınılmaz olabilir (Kahve yardımcı olabilir).

Sonuç

Umarım bu kitabı bitiren okuyucu kendi yaşamındaki motivasyonel güçlerle ilgili değerli bir anlayış kazanmıştır ve burada detaylandırdığımız yöntemleri ve beş farklı karaktere verdiğimiz tavsiyeleri uygulayabilir. Ancak bu yöntemler, yaşamımızda eylemlerimizin ötesine uzanan tutku yoksunluğu çektiğimiz alanlar ve yaşamlarımızın gerçekten önemli, tutku dolu yönleri için bandaj veya koltuk değneğidir.[73]

Her zaman yaşamımızdaki çağrıyı, bizi tutku ve heyecanla dolduran şeyi aramalıyız. Kişinin hem hoşlandığı, hem de yararlandığı bir şeyden aldığı motivasyonla hiç bir şey yarışamaz. Ve en iyi zamanlarımız amaçlarımızla motivasyonumuzun sorunsuzca elele verdiği, zahmetsizce ileriye doğru itildiğimiz ve hiç bir yanlış yapamayacağımız zamanlardır.

Ancak böyle şeyleri bulması zordur. Bulunsa bile onların da kendi problemlerini ve motive olmama anlarını taşıması kaçınılmazdır. Açlık çeken, adanmış ve en motive kişi bile yaşamında motivasyonunun yetersiz ve eksik olduğu alanlar, zamanlar bulacaktır ve yöntemlerimizden büyük yarar sağlayabilir.

En iyisi tutkularımızın peşinden gitmek, sevdiğimiz şeyleri bulmak ve onları kovalamayı asla bırakmamaktır. Ama yaşamın her zaman kendi engelleri, güçlükleri olacaktır. Uçarak ulaşamayacağımıza, topallayarak ulaşmalıyız.

[73] Bir konuyla ilgili tutkulu olan ve görüşlerini açıklamak için sabırsızlanan biri, ödevi hazırlamakta hiçbir sorun yaşamayacaktır (özellikle kendi şartlarıyla) ve özellikle dövüş sanatlarında üstün olmak isteyen biri, spor salonuna gitme fikri karşısında donup kalmayacaktır.

Yalnız kalmaktan keyif almak.